Wilhelm Friedrich Volger

Der Ursprung und der älteste Zustand der Stadt Lüneburg

Wilhelm Friedrich Volger

Der Ursprung und der älteste Zustand der Stadt Lüneburg

ISBN/EAN: 9783743376632

Hergestellt in Europa, USA, Kanada, Australien, Japan

Cover: Foto ©ninafisch / pixelio.de

Manufactured and distributed by brebook publishing software (www.brebook.com)

Wilhelm Friedrich Volger

Der Ursprung und der älteste Zustand der Stadt Lüneburg

Der
Ursprung und der älteste Zustand
der
Stadt Lüneburg.

Ein Versuch

von

Dr. Wilh. Friedr. Volger,

Director der Realschule des Johanneums in Lüneburg.

Lüneburg.
In Commission der Herold und Wahlstab'schen Buchhandlung.
—
1861.

Den

Hochlöblichen Collegien

des

Magistrats und der Stadtverordneten

Braunschweigs

zur

tausendjährigen Jubelfeier der Stadt

im Jahre 1861

gewidmet

vom

Verfasser.

Dem alten Brunswik

Gruß

aus

dem gleichaltrigen Lüneburg.

Eine vollständige Geschichte der Städte Braunschweig und Lüneburg — freilich kein leichtes Werk — würde mehr Genuß und Belehrung gewähren, als die mancher Fürstenthümer.

Wedekind (Noten, II, 228.)

Der Teil des Königreichs Hannover, in welchem die Stadt Lüneburg liegt, tritt schon vor einem Jahrtausend in der Geschichte auf und ist durch die in demselben belegenen Örtlichkeiten nicht weniger, als durch die daran sich knüpfenden Ereignisse eine der merkwürdigsten Gegenden des Landes. Wir wollen nicht hinaufsteigen in die noch ältere aber auch dunklere Zeit, als gar die Langobarden die Ufer der Elbe und Ilmenau bewohnt haben mögen; die Nachrichten aus der Karlingischen Zeit liegen uns klarer vor, und erst nach dieser taucht allmählich der Name der Stadt oder wenigstens der Burg auf dem Kalkberge und des Klosters St. Michaelis aus dem Dunkel der Vorzeit auf und tritt im zehnten und elften Jahrhunderte, besonders aber in der Welfischen Zeit, in immer bestimmteren Umrissen vor unsere Augen. Der Bardengau, der ausgedehnteste im alten Sächsischen Lande, wird in dem Sachsenkriege Karls des Großen so oft erwähnt und war der Schauplatz so wichtiger Ereignisse in dem gewaltigen Ringen der beiden Hauptstämme Deutschlands, daß er auch in dieser Hinsicht als einer der bemerkenswertesten im Bereiche des Königreichs Hannover erscheint. In geringer Entfernung finden wir die Stadt Lüneburg, deren Salzquellen in grauester Vorzeit schon benutzt sind, und den unmittelbar neben letzteren belegenen Kalkberg, der dem Scharfsinne eben so sehr des Geschichts- als des Naturforschers Stoff zu wissenschaftlicher Tätigkeit liefert, der einst politische Wichtigkeit hatte und für den Statshaushalt noch heutiges Tages seine Bedeutung hat, mit dem vielleicht in die Karlingische Zeit reichenden Kloster, ferner das ältere Bardewik, einst glänzender Verkehrsort an der Slavengrenze, dessen Königszoll mehrfach als besonders wichtig erwähnt wird und dessen Stift ohne Zweifel der Zeit Karls des

Großen angehört, zwischen beiden das **Kloster Lüne**. Und wie manche andere Örtlichkeiten des Barbengaues treten schon im neunten Jahrhunderte, in geschichtlicher Wahrheit auf, das Stift Ramelslo, der Zufluchtsort des heil. Ansgar, Holdenstebt, wo einst Karl lagerte, das Dorf St. Dionys, dessen Name an den Fränkischen Schutzheiligen erinnert und von dem uns eine merkwürdige Sage aufbewahrt ist [1]). Uralt ist der Anbau dieser Gegend und schon früh in Verbindung mit entfernten Örtlichkeiten, dem Kloster Rastede, St. Ludgeri in Helmstedt, Kemnade 2c., die hier Besitzungen hatten. Vielleicht reicht auch das Kloster Ebstorf, dessen Stiftung in völligem Dunkel vergraben liegt, die aber von der Sage bis zur großen Normannenschlacht bei Ebbekestorpe (880) hinaufgetragen wird, in die Karlingische Zeit. Sachsen und Slaven (Wenden) begegneten sich im Barbengau, letztere die älteren Bewohner dieser Gegend, denn die Doppelnamen mancher Ortschaften lassen sich nur daraus erklären, daß Deutsche Einwanderer sich unter die Wenden drängten; das Umgekehrte ist kaum denkbar, da niemals die Slaven als selbständiges Volk hier auftraten. An Wendische Bevölkerung, die wir aber mit Ausnahme Lüneburg's nur an der Ostseite der Ilmenau finden [2]), erinnern der **Rabbruch** (Rabebrok), sowie die Dörfer **Rabegast, Wendisch Everingen, Grünhagen**, welches unter dem Namen **Boitelborp** ausdrücklich ein Slavisches Dorf genannt wird, **Wendisch Bleckede, Wendisch Thun, Wendhausen** 2c. und daß Wenden, wahrscheinlich von den Salzquellen gelockt, auf Lüneburgischem Grunde wohnten, bezeugen die Namen zweier Örtlichkeiten der Stadt selbst, das **Wendische Dorf** und die **Wendische Straße**, so wie manche Ausdrücke, die beim Sülzwesen ehemals in Gebrauch waren. Die alten Hühnengräber und ihre Denkmäler, die vielleicht einst eben so zahlreich in der Umgegend der Stadt waren, wie in den Ämtern Oldenstabt und Medingen, aber durch Benutzung der Felsenblöcke und Bebauung des Bodens längst verschwunden sind, deckten, wie es scheint, Slaven und Sachsen auf gleiche Weise. Alte Todtenurnen hat man selbst in der Stadt gefunden.

So stand es vor tausend Jahren im alten Barbengau in der Gegend von Lüneburg. Daß die Salzquellen früh eine

Bevölkerung um sich her zusammenriefen, leidet keinen Zweifel, wann aber dies geschah, davon giebt uns Niemand Kunde; urkundlich erwähnt werden sie erst im zehnten Jahrhunderte. Wann tritt denn aber der Name der Stadt in den Bereich der beglaubigten Geschichte und woher stammt der Name? Es gab eine Lüner- oder Lünenburg³); eine Örtlichkeit, Lüne genannt, liegt dem Namen der Burg also zu Grunde. Die Bedeutung des Wortes Lüne hat den Scharfsinn der älteren Geschichtsforscher sehr beschäftigt. Die Fabeleien der Chroniken (Chronicon picturatum etc. bei Leibn. scriptt. III, 216. 291. 1, 261.), die von einem Bilde der Luna reden, welches Julius Caesar auf dem Kalkberge aufgerichtet, Karl der Große aber zerstört habe⁴), so wie die etymologischen Träumereien, deren sich selbst Wedekind (Herzog Hermann S. 23) nicht enthalten konnte und welche auch Manecke in seiner Beschreibung der Stadt Lüneburg S. 100 ff. berührt, übergehe ich, könnte sie aber noch durch einen weit hergeholten Fund vermehren, denn Ritter in seiner Geogr. von Asien (IV, 946. 949. V, 101) nennt in Indien einen Salzfluß Luni. Mir scheint der Name des Orts, wie der Ilmenau, Slavisches Ursprungs⁵). Um die Frage nach dem ersten Auftreten des Namens der Stadt beantworten zu können, müssen wir das Verhältnis des Orts zu dem Namen Lüne und der Stadt Bardewik aufzuklären suchen. Lüneburg, Lüne und Bardewik liegen nahe bei einander und werden daher so oft in solchem Zusammenhange erwähnt, daß man sieht, sie wurden in ältester Zeit von den Berichterstattern, deren Nachrichten überhaupt sehr unbestimmt, oft ungenau und eigentlich nur Andeutungen sind, wie es die völlige Unbekanntschaft der Franken mit der Örtlichkeit dieser Gegend nicht anders erwarten läßt, nicht getrennt. Woher sollte auch den Geistlichen entfernter Fränkischer Klöster, die in ihre Jahrbücher die Taten Karls des Großen eintrugen, genaue Kunde kommen? Die Jahrbücher der Karlingischen Zeit geben nie ausführliche Erzählungen von dem Hergange der in ihnen berichteten Begebenheiten, sondern enthalten in der Regel nur kurze, oft undeutliche, wohl gar misverstandene oder verwirrte Andeutungen ohne Zusammenhang. Da steht nun dem wißbegierigen Forscher, den zuverlässige Urkunden ganz verlassen, ein

weites Feld von Vermutungen offen, und dieses ist von späteren
Geschichtschreibern und Chronisten denn auch nach Herzenslust
ausgebeutet. Mit großer Vorsicht darf der Forscher und nicht
selten nur auf Wahrscheinlichkeit sich stützend auf dem unsicheren
Boden sich bewegen, wo spärliche Halme eine reichere Ernte be-
klagen lassen, die für uns unwiederbringlich verloren ist.

 Zuerst werden bei den Kriegszügen des Frankenkönigs nur
im Allgemeinen die Elbe und der Bardengau genannt (780
und 785)⁶). Dann folgt der Feldzug des Jahres 785, in
welchem wiederum nur in aller Kürze der Bardengau erwähnt
wird⁷). Erst zehn Jahre später erfahren wir die Namen
Bardewik (Bardunwih) und Lüne (locus, qui dicitur
Hliuni)⁸), welchen letzteren Ort als Hauptquartier des Königs
der Annalist an die Elbe rückt, während der genauere Einhard Lilne
gar nicht nennt, den König aber bei Bardenwih sich lagern
läßt, die Fuldaischen Jahrbücher jedoch ebenfalls Hliuni anführen.
Hierher gehört wahrscheinlich auch die Nachricht von dem Lager
Karls bei dem etwa eine halbe Meile von Bardewik entfernten
Dorfe St. Dionys⁹). Endlich erwähnt das Chron. Moissiac.
im Jahre 798 des Ortes Bardunwich. Von da an nennt
kein Geschichtschreiber, der diese Gegend berührt, während des
ganzen folgenden Jahrhunderts einen dieser Namen. Wir müssen
uns nun klar zu machen suchen, welchen Ort wir unter Lüne
zu verstehen haben und wie sich dieser Name zur Stadt Lüneburg
verhält. Letztere wird noch gar nicht erwähnt; weder von den
Salzquellen noch von dem Kalkberge ist die Rede, und doch ist es
nicht glaublich, daß bei der Nähe des schon benannten Lüne, noch
weniger, daß bei der Nähe des weit bekannteren Bardewik die
Quellen unbenutzt und die Umgegend derselben unbewohnt gewesen
seien. Eine Ortschaft war sicher dort, aber wie hieß sie? Man
wird gewis nicht irren, wenn man nach Grupen's Vorgange
(Origines Germ. II, 300) ohne Weiteres Lüne als Bezeichnung
derselben annimmt. Dies scheint aus dem Namen der mehrmals
erscheinenden Burg auf dem Kalkberge hervorzugehen. Die
Lüneburg ist von einem Orte Lüne benannt, daß dieses Lüne
aber gerade da gelegen habe, wo nachmals (1172) das Kloster
erbauet wurde, das eine halbe Stunde vom Kalkberge und den

Salzquellen entfernt ist, dürfte kaum glaublich sein, man müßte denn annehmen, zur Zeit der Erbauung der Burg seien die Quellen noch gar nicht benutzt, die Gegend also nicht bewohnt und kein anderer Ort als Lüne in der Nähe gewesen, von dem die Burg habe benannt werden können; und doch lag der uralte Archidiaconatsitz Modestorpe kaum zehn Minuten von dem Berge entfernt. Wie es kam, daß der alte Name nur an dem Orte des jetzigen Lüne haftete, ist schwer zu erklären, wenn wir es ganz natürlich finden müssen, daß, wie in vielen anderen Städten, der Name der Burg den alten Namen des Ortes verdrängte [10]). Räthselhafter noch ist das Verhältnis des schon erwähnten näher, als Lüne, belegenen Modestorpe [11]). Dieser Ort muß uralt und zu seiner Zeit unter anderen der Gegend ausgezeichnet gewesen sein, denn er war der Sitz eines Archidiaconus und an der Brücke daselbst die Malstatt eines Gogerichts [12]), erscheint aber in der Karlingischen Zeit gar nicht. Das Gogericht bei der alten Brücke hat bis zum Untergange der alten Volksgerichte bestanden. Über die Zeit der Stiftung der dortigen Kirche und des Archidiaconats, das schon nahe bei der Hauptstadt des Gaues auffallend erscheint, wissen wir gar nichts, wohl aber, daß der Ort selbst späterhin (wahrscheinlich nach Barbewiks Eroberung) in Lüneburg aufging, daß die Kirche der städtischen Gemeinde zufiel, ohne daß die Archidiaconatverhältnisse sich änderten, daß aber der Name der Ortschaft völlig in Abgang kam und nur Jahrhunderte lang noch in dem Titel des Archidiaconus fortdauerte [13]). Wie hoch die Sage die Stiftung von Kirchen im Verdenschen Sprengel hinaufsetzt, geht aus der Inschrift eines Kelches der Kirche im nahen Archidiaconatsitze Bevensen hervor, denn nach dieser ist die dortige Kirche im Jahre 833 erbauet und 1025 vergrößert. Wenngleich solchen Denkmälern die Glaubhaftigkeit der Urkunden abgeht, so sind sie doch nicht bloß deshalb, weil keine Urkunde sie unterstützt, gänzlich zu verwerfen. (Manecke's topogr. histor. Beschreibung des Fürst. Lüneb. I, 379.)

Der Name Lüne kommt seit dessen erster Erwähnung fast vier Jahrhunderte lang nicht weiter vor, während vom zehnten Jahrhunderte an stets der Name Lüneburg und Lünenburg auftritt, gewiß ein Beweis, daß die Stelle, wo das Kloster erbauet wurde, keine Bedeutsamkeit gehabt haben kann. Erst bei Stiftung des Klosters [14]) tritt der Ort als unter der Botmäßigkeit des Abtes des St. Michaelisklosters in Lüneburg stehend (sub dicione abbatis) auf. Es war ein bewohnter Ort, ein altsächsisches Gehöft (praedium), das dem Lüneburger Hospitale (St. Benedicti, zum Michaeliskloster gehörig) jährlichen Geldzins gab. Ein suburbanus (einer der unter der Lüneburg wohnenden Burgmänner) Namens Huner (wahrscheinlich aus dem Geschlechte der v. d. Oveme) schenkte dem Hospitale vor 1158 eine weit einträglichere Salzpfanne und befreiete dadurch den Hof von aller Verbindlichkeit, denn ein Geistlicher Rethard, der sich vom Geräusche der Welt zurückziehen wollte, hatte diesen einsamen Ort (secretum locum), wahrscheinlich in Waldeseinsamkeit versteckt, zu seinem Aufenthalte erwählt, verließ aber den fast wüsten Platz. Erst nach einiger Zeit wurde von einem anderen Geistlichen dieses unbeliebte (displicitum) Gehöft wieder in Besitz genommen und durch Hülfe anderer frommer Seelen mit einer Holzkapelle bedacht. Aus dieser Schilderung der Beschaffenheit des Ortes um 1158 läßt sich freilich kein sicherer Schluß auf den Zustand zu Karls des Großen Zeit ziehen, allein es ist doch nicht wahrscheinlich, daß das in späterer Zeit so unbedeutende Waldgehöft in der Vorzeit so ausgezeichnet gewesen sei, daß es unweit des allbekannten Bardewik von dem Könige zum Hauptquartiere gewählt worden sei. Wir dürfen also wohl den Schluß wagen, daß das Hliuni des achten Jahrhunderts nicht der Ort des nachmaligen Klosters Lüne gewesen, sondern die Örtlichkeit bezeichnete, die bereits im zehnten Jahrhunderte Lüneburg hieß. Letztere tritt seit dieser Zeit immer mehr in das hellere Licht der Geschichte, während der Name Lüne bis zur Stiftung des Klosters nirgend erwähnt wird. Späterhin erscheint Lüne in Verbindung mit Modestorpe; der Archidiaconus zog den Zehnten von den Ländereien des Hofes, verkaufte diesen aber 1248 dem Kloster (Ungedruckte Urkunde des Klosters).

Wann tritt denn nun der Name Lüneburg auf? Eine alte von Maderus aufgefundene Handschrift berichtet,[15]) daß Herzog Otto von Sachsen im Jahre 906 auf dem Kalkberge in Lüneburg ein Kloster gestiftet habe. Andere Chroniken stimmen damit überein. Diese Nachricht wird vom Halberstädtischen Chronisten¹⁶) dahin erweitert, daß dies Kloster dem Orden der Wilhelmiten angehört habe. Nun ist freilich dieser Orden weit später gestiftet und der Chronist irrt darin, aber eine alte Klosternachricht sagt ausdrücklich, daß vor der Stiftung des nachmaligen Michaelisklosters **weiße Pfaffen** dort gewohnt haben. Die weiße Kleidung der späteren Augustiner mag die Veranlassung zur Verwechslung des unbekannten Ordens der Stifter mit den Wilhelmiten (diese waren ein Zweig der Augustiner) gewesen sein. Ein Grund, diese Nachricht zu bezweifeln, liegt, wie schon Wedekind bemerkt (Noten II, 290), nicht vor. Wir sehen also den Kalkberg im Besitze der Ludolfinger und die Erwähnung des Bischofs Wikbert, des Urenkels Widekinds, dessen Verwandtschaft mit dem Ludolfingischen Hause als gewiß angenommen werden darf, führt auf die Vermutung, daß Lüneburg zu Widekindischen Erbgütern gehörte, und diese Vermutung wird dadurch zur Wahrscheinlichkeit erhoben, daß wir den Sachsenherzog gerade in dieser Gegend mit Karl dem Großen in Verhandlung stehen und sich zur Unterwerfung bequemen sehen (785)¹⁷). Bemerkenswert und ebenfalls an das Ludolfingische Haus erinnernd ist die Lehnsverbindung, in welcher die Lüneburg mit dem Stifte Gandersheim stand. Eine alte handschriftliche Aufzählung der Vasallen jenes Stiftes nennt den Grafen Luther (von Supplingenburg?) als Lehnsinhaber der Lüneburg und noch 1429 wurde das Lehnsverhältnis vom Herzoge Wilhelm von Braunschweig anerkannt. Mag das letzte auch damals schon eine wesenlose Förmlichkeit gewesen sein, so kann man ihr doch historischen Wert kaum absprechen¹⁸). War denn nun, als das Kloster erbauet wurde, schon eine Lüneburg vorhanden? Die gewöhnliche Annahme, die auch Wedekind vertritt (Noten II, 287), läugnet dies; die Burg soll um 951, also früher zwar, als das Benedictinerkloster, aber ein halbes Jahrhundert nach dem Augustinerkloster erbauet sein. Mir scheinen Gründe für das Gegenteil zu sprechen. Die Lage des Berges mußte schon vor der Billingischen Zeit zur Erbauung einer Veste gegen die heidnischen Nachbarn einladen, denn daß die Kämpfe gegen die Slaven nicht erst mit Hermanns Auftreten begannen, ist bekannt. Wie hätte da eine Örtlichkeit in der Nähe des wichtigen Handelsplatzes Bardewik, welches den Einfällen der Slaven zunächst ausgesetzt war, ein Berg, der als eine natürliche Grenzwarte sich bemerklich machen mußte, die Aufmerksamkeit des zum Schutze des Sachsenlandes in dieser Gegend besonders berufenen Herzogs nicht auf sich ziehen sollen! Hat Herzog Otto ein Kloster am Berge gestiftet, so dürfen wir mit hoher Wahrscheinlichkeit annehmen, daß der Berg bereits eine Burg trug, unter deren Schutze sich die Mönche ansiedelten. Welcher Art diese Burg war, darüber können wir auch nicht einmal Andeutungen geben. Daß sie geräumig war, können wir nur aus den Begebenheiten des Jahres 1071 schließen, denn Kaiser Heinrich IV. ließ sie mit siebzig Kriegern[19]) besetzen. Daß in der Zeit der Ludolfinger der Burgbau im Sachsenlande nicht unbekannt war, geht aus der Gründung der alten Burg **Tanquarderode** in Braunschweig hervor.

Wir betreten nun den Weg beglaubigter Geschichte, und so schwer durchdringlich auch das Dunkel sein mag, welches die Stadt Lüneburg in den folgenden beiden Jahrhunderten noch deckt, so tritt doch der Kalkberg jetzt schon aus dem Nebel der sonst so glanzvollen Zeit der Ottonen deutlich hervor. Die **Billinger** erscheinen. Was Wedekind über dies stets kampfbereite reich begüterte Grafengeschlecht gesammelt und erforscht hat, liegt in seinen „Noten" und in der Monographie „Hermann, Herzog von Sachsen" vor. Zwei Ereignisse, die sich auf die Billinger und den Kalkberg beziehen, sind geschichtlich bekannt, die Zeitbestimmung ist aber nicht völlig im Klaren. Hermann, des Grafen Billing Sohn, der vom Könige Otto I. zum Markgrafen im Sachsenlande bestellt war (wahrscheinlich 951), nahm seinen Sitz auf dem Kalkberge, und erbaute dort eine **Burg** und am Fuße des Berges das **Benedictinerkloster St. Michaelis**. So lautet die gewöhnliche Meinung, der auch Wedekind[20]) folgt, welcher zugleich die Zeitbestimmung so ordnet, daß er die Erbauung der Burg mit Wahrscheinlichkeit ins Jahr 951, die Gründung des Klosters aber nicht später, als 955, setzt. Im Jahre 951 wurde Hermann zum Procurator Saxoniae ernannt und wählte oder erhielt dem gemäß seinen Sitz auf dem Kalkberge. Eine allgemein angenommene Nachricht schreibt dem Billingerfürsten die Stiftung des Klosters und die Erbauung der Burg zu, und namentlich giebt die älteste Klosterchronik (Wedekind's Noten, I, 406) und die von Wedekind (Herzog Hermann, S. 22) angeführte Sächsische Fürstenchronik dieser Angabe (Hermanus primus castrum construxit) einen hohen Grad von Wahrscheinlichkeit, doch sind dergleichen Quellen nicht über allem Zweifel erhoben und andere Chroniken[21] geben diesen Bau geradezu einer bloßen Sage anheim. Ohne Zweifel erhielt Hermann, dessen Geschlecht wir in der Gegend begütert finden, Berg und Salzquellen als Lehn- oder Erbgut, denn wir finden beide im dauernden Besitze der Billinger und sehen sie mit der Billingischen Erbschaft (1106) an die Welfen übergehen, ja, die Burg bildete einen so wichtigen Bestandteil des Welfischen Erbguts, daß sie neben Braunschweig nachmals die Trägerin der neuen Herzogswürde (1235) wurde. Im Jahre 956 schenkte König Otto dem neuen Kloster den Lüneburgischen Salzzoll (teloneum ad Luniburc)[22] und dabei kommt der Name Lüneburg (Lunibure) zum ersten Male urkundlich vor.

Die Stadt Lüneburg. Von einer Stadt ist weder in der Urkunde von 956 noch früher irgendwo die Rede; daß aber ein ansehnlicher bewohnter Ort schon damals um die Salzquellen und die Burg sich gebildet haben muß, geht aus den Verhältnissen beider hervor. Das Salzwerk zog Arbeiter herbei, die Burg konnte nicht ohne Wehrmänner sein; letztere aber finden wir in zahlreichen Höfen um den Berg (suburbium) in späteren Zeiten ansässig, und früherhin kann es nicht anders gewesen sein, denn die Burg konnte eine Anzahl von Familien nicht fassen. Schon diese Lehnhöfe müssen eine ansehnliche Gemeinde gebildet haben, denn eine große Zahl von Urkunden giebt späterhin über den Verkauf von solchen Höfen, deren manche gewis auch Erbgut waren, Nachricht[23]). Sie lagen neben dem Berge und in der Altstadt, am entferntesten der Hof der v. d. Berge, welcher 1623 an die v. Mebing überging (jetzt v. Schraber's Haus an der Gralstraße). Daß aber Lüneburg schon ein bewohnter Ort war, der Handel trieb, geht aus der Urkunde im Jahre 965 hervor, in welcher Kaiser Otto dem Kloster einen Teil des Handelszolles in Lüneburg schenkt (Wedekind, Noten, II, 291). Auch der Grimm[24]), jetzt eine am äußeren Umfange des Berges liegende Gartenvorstadt, enthielt solche Burgmannshöfe. Bestätigt wird die Bedeutsamkeit Lüneburgs durch eine nur funfzig Jahre spätere Nachricht, die zugleich mit einem höchst merkwürdigen Vorfall bekannt macht, der leider nach der sehr ungenügenden Angabe zweier ziemlich gleichzeitigen Geschichtsschreiber kaum verständlich ist, aber durch die Beschaffenheit der Örtlichkeit noch heutiges Tages beglaubigt wird. In civitate Bernhardi ducis, Luinberg dicta, sagt Dithmar von Merseburg [25]), eodem anno (1013) aeris fit mira mutatio atque motio et immensus terrae hiatus. Hoc stupet accola et se prius nunquam vidisse testatur, und etwas ergänzend fast mit denselben Ausdrücken erzählt dies der Sächsische Chronograph [26]), der aber hinzufügt: hiatus ipsi templo minas ruendi praebens et incolis timore perterritis confugii tempus funditus auferens.

Zweierlei lernen wir aus dieser Nachricht; Lüneburg wird eine civitas genannt. Wenngleich man nun keineswegs in dieser Zeit schon an eine Stadt denken darf, wie sie erst im XII., besonders aber im XIII. Jahrhunderte sich bildeten, so geht doch aus dieser Bezeichnung so viel hervor, daß Lüneburg ein bedeutender Ort war, wie sie die oben erwähnten Verhältnisse voraussetzen lassen. Es war wahrscheinlich noch keine städtische selbstständige Gemeinde mit gewissen Vorrechten vor ähnlichen größeren Ortschaften, gewis noch nicht mit einer Mauer, vielleicht aber schon mit einer schirmenden Planke umgeben. Die Einwohner waren dem Kerne nach die Arbeiter bei dem Salzwerke und die Familien der Burgmänner, aber gerade diese Bevölkerung machte eine dritte Klasse nothwendig. Handwerker konnten nicht fehlen, Ackerbauer waren sicher vorhanden, und alle diese zogen auch den Kramer und Gastwirt herbei. Wie mußte die Abfuhr des gewonnenen Salzes und die Anfuhr von Feuerung für das Salzwerk den Verkehr und also auch die Einwohnerzahl fördern! Betrachten wir daneben die nahe Schiffer- und Fischercolonie des Wendischen Dorfes am Ufer der Ilmenau (dem Kaufhause gegenüber), so wie das uralte Dorf Modestorpe mit seiner Johanniskirche, wo die Malstatt eines alten Gogerichts an der ältesten Brücke der Stadt die Bedeutsamkeit des Ortes beurkundet und der Übergang über die Ilmenau, den alten nach Braunschweig führenden Heerweg andeutet, zwei Örtlichkeiten, die seit Jahrhunderten innerhalb der städtischen Wälle liegen, berücksichtigen wir noch den oben genannten Grimm, so bekommen wir das Bild eines regen Lebens der Gegend, die jetzt den Raum der Stadt bezeichnet. Dabei dürfen wir das Michaeliskloster nicht aus der Acht lassen, das doch auch manchen Andächtigen und hörige Ackerbauer und Dienstleute herbeiziehen mochte. Der deutlichste Beweis einer ansehnlichen Bevölkerung ist aber sicher das Dasein der Cyriakskirche, die nördlich vom Kloster am Fuße des Kalkberges stand, in grauer Vorzeit erbauet, aber gewis nicht so alt, wie die Kirche in Modestorpe ²⁷). Die Johannisgemeinde reicht wahrscheinlich in die Karlingische Zeit hinein, wie auch Gebhardi (histor. geneal. Abhandlungen IV, 173) annimmt, eine Zeit, in welcher Modestorpe bedeutender gewesen sein muß, als der Anbau um Sülze und Kalkberg. Bei der Cyriakskirche ist deren Lage noch besonders ins Auge zu fassen. Sie stand am nördlichen Fuße des Kalkbergs, in den Gärten an der Straße, die vom Kloster nach dem Neuen Tore führt. Daraus geht hervor, daß sie mehr Beziehung auf die Umgegend des Kalkberges, als auf die um die Salzquellen sich sammelnde Gemeinde, hatte. Letztere besaß die Lambertikapelle, von deren Ursprunge wir nichts wissen, die aber gewis aus der ältesten Zeit stammt. Die Cyriakskirche dehnte ihr Sprengelrecht über den Grimm und die Altstadt aus. Die Cyriakskirche gehört also der ältesten Gemeinde der Altstadt Lüneburgs an und lag auch bis 1371 innerhalb der alten Stadtmauer. Sie war eine Stiftung der Ludolfinger oder Billinger, denn das Patronat gehörte dem Landesherrn, und der Archidiaconus von Modestorpe hatte das Synodalrecht über sie. Das genannte Jahr war für dieses Gotteshaus verhängnisvoll. Nach der Eroberung und Zerstörung der Burg auf dem Kalkberge wurde die Stadt durch eine neue Mauer vom Kalkberge und von der Kirche gänzlich geschieden. Das Dorf Grimm zerfiel bei dem notwendig erfolgenden Abzuge der dort wohnenden Burgmannsfamilien (oder wurde, wie die Urkunde vom Jahre 1376 sagt, zerstört) ²⁸), die Eingepfarrten der Altstadt sahen sich von der Kirche getrennt und wandten sich anderswohin, so daß die noch gebliebenen keinen Pfarrer mehr unterhalten konnten. Dieser unhaltbare Zustand veranlaßte die damaligen Herzöge Wenzeslaus und Albrecht für sich und die jungen Fürsten Friedrich und Bernhard, die Kirche dem Michaelskloster völlig einzuverleiben und dem Patronate zu entsagen [29]). Die Nachricht, (Wedekind's Hermann Herz. v. Sachsen, 25) daß bereits Herzog Magnus, der letzte Billinger († 1100), die Chriakskirche dem Kloster geschenkt habe, giebt die Lüneburger Chronik in Eccard's scriptor. I, 1359, eine Nachricht, die mit der Urkunde des Jahres 1376 schwer in Übereinstimmung zu bringen ist.

Wir ziehen nun die oben (S. 10) erwähnte Angabe zweier Geschichtschreiber in Betracht, daß im Jahre 1013 eine gewaltiger Erdfall in der Stadt großes Unheil angerichtet habe [30]). Erdfälle sind bei Lüneburg nichts Seltenes und haben seit obigem Unfalle oft die Umgegend betroffen, damals aber muß der Ort selbst darunter gelitten haben. Bestätigt wird die Angabe der Chronisten durch die Beschaffenheit der Örtlichkeit, welche noch sichtbare Spuren jenes Ereignisses aufweiset. Die Senkung des Erdbodens zeigt sich noch deutlich von der Gralstraße an bis in die Nähe der Lambertikirche und von der Michaeliskirche, Altstadt und Rübekuhle bis zur neuen Sülze und dem Marienplatze. Zwar misst die Tiefe der Senkung jetzt nur acht bis zehn Fuß, aber der Boden dieser Vertiefung ist offenbar aufgeschüttet, zum Teil erst in neuerer Zeit erhöhet, um den Gossen Abzug zu verschaffen, und dies hat auf dem sogenannten Meere nur durch ein Siel geschehen können, welches schon seit Jahrhunderten das Wasser unter der Erde ableitet. Deutlich sieht man die Senkung des Bodens an einigen alten Häusern, namentlich auf der Altstadt, zu denen der Eingang mehre Stufen hinabführt, wie denn überhaupt auch an anderen Stellen Spuren solcher Erhöhung des Bodens sich finden. Dies stimmt ganz mit der Beschaffenheit des Bodens der Umgegend wie innerhalb der Stadt überein, die überall Unebenheiten zeigt, welche in der Vorzeit gewis stärker hervortraten, denn noch jetzt deuten einige Benennungen von Straßen (Berg, Kaninchenberg, Lindenberg, Rübekuhle, und der Platz des ehemaligen Marienklosters, der Gösebrink [Gänsehügel]) auf natürliche Anhöhen hin. Als Andeutung alter Versenkung des Bodens wird nach älteren Aufzeichnungen berichtet, daß man im Garten des jetzigen Balcke'schen (einst Töbing'schen) Hauses zu Anfange des vorigen Jahrhunderts beim Graben eines Brunnenschachtes tief unter dem Boden auf den Giebel eines Hauses gestoßen sei, in dem daneben liegenden Garten aber unter der Erde Gewölbe gefunden habe und ein solches Gewölbe im Jahre 1729 auf dem Meere nach dem dort befindlichen ehemaligen Brauhause (die Kuhle genannt) hin laufend getroffen sei [31]). Der ursprüngliche Erdfall, der sehr tief und ausgedehnt gewesen sein muß, zeigte wahrscheinlich, wie dies bei solchen Erscheinungen natürlich ist, in seiner Tiefe Wasser und bildete einen See; daher die Benennung **Meer** [32]), welche noch heutiges Tages gebräuchlich ist, und auch die Bezeichnung des schon erwähnten Brauhauses auf dem Meere, die **Kuhle**, möchte dahin deuten.

Daß die Stadt damals eine bedeutende Bevölkerung gehabt haben muß, geht aus den kirchlichen Verhältnissen hervor. Die Burg gehörte zum Sprengel des Klosters, die Cyriakskirche erstreckte ihre Rechte über die Altstadt, die Sülzarbeiter hatten noch besonders ihre Lambertikapelle, ja man hat Nachrichten noch von einer Kanutuskapelle. Wo solche kirchliche Anstalten waren, da mußten auch Einwohner des Ortes in schon ansehnlicher Zahl sein. Der Mittelpunkt aller genannten Örtlichkeiten war wahrscheinlich noch die Burg, der Sitz der Billinger, und somit der Hauptort des Herzogthums Sachsen. Daher bemächtigt sich König **Heinrich** IV. in seinem Kampfe gegen die Billinger während der Gefangenschaft des Herzogs **Magnus** derselben (1071), sieht aber seinen Plan scheitern, als der Billinger Graf Hermann die königliche Besatzung zwingt, sich zu ergeben. Da geschieht wieder der **Stadt** Erwähnung, denn die Gefangenen werden von den Einwohnern verwahrt und bei der Erwähnung der Vorfälle dieser Zeit heißt Lüneburg oppidum maximum Ottonis Ducis [33]). Diese Bezeichnung ist unklar; sie kann die Stadt überhaupt als eine **sehr bedeutende** oder ganz einfach als die **größte Ortschaft** des Herzogs bezeichnen. Letzters dürfte doch wohl dem damals so wichtigen Bardewik gegenüber schwerlich anzunehmen sein. Aus dem Worte oppidum wird bei dem Schwanken des Gebrauchs einzelner Ausdrücke in mittelalterlichen Schriften um so weniger ein Schluß auf die Bedeutsamkeit Lüneburgs gezogen werden können, da der Ort schon im Jahre 1013 civitas genannt wird, 1140 wieder von einem suburbium die Rede ist. So viel steht doch fest, daß Lüneburg schon im Jahre 1071 als bedeutende Ortschaft in der Ferne bekannt war.

Umfang der ältesten Ortschaft Lüneburg. Die Ausdehnung der alten Stadt, wie sie bis zum Anfange des dreizehnten Jahrhunderts gedacht werden muß, zu ermitteln, haben wir in der Örtlichkeit sowohl, als in geschichtlichen Tatsachen ziemlich sichere Anhaltspunkte.

Der Raum zwischen der Sülze und dem Kalkberge muß zuerst bebauet gewesen sein, denn beide genannte Örtlichkeiten veranlaßten ja die Gründung eines Wohnortes, und der Name der Altstadt, die Unregelmäßigkeit der Straßen, selbst das Verhältnis der dortigen Wohnhäuser bestätigt dies. Die Straße, welche die Stadt von Süden nach Norden durchschneidet, die Neue Sülze, bezeichnet ungefähr die Grenze dieses alten Lüneburgs; sie trennt zwei Stadtteile, die sich durch den Plan der Straßenanlage und die Größe der Häuser auf den ersten Blick unterscheiden. In Westen sind unregelmäßigere engere Straßen, Winkel und Gänge, die Häuser sind fast durchgehends in ihrem Umfange beschränkt. Das Gegenteil zeigt der östliche Teil. Ist freilich auch hier an eine Regelmäßigkeit jetziger neuer Stadtanlagen nicht zu denken, so springt doch eine ganz andere Art der Straßenverhältnisse in die Augen. Hauptstraßen durchschneiden die Stadt von Norden nach Süden, wie von Westen nach Osten, alle geräumig, zum Teil von ungewöhnlicher Breite (Sand, Grobbänke, Berg), selbst die Nebenstraßen sind meistenteils nicht übermäßig beschränkt. In diesem neuen Stadtteile allein finden wir die ansehnlichen Gebäude, die durch ihre Mauermassen noch jetzt die Aufmerksamkeit auf sich ziehen, die Wohnungen der reichen Geschlechter der Stadt mit geräumigen Höfen, Durchfahrten und Nebengebäuden, denen sich die großen Brauhäuser zunächst anschließen, beide gar sehr von den Wohnungen der anderen Stände unterschieden. Man sieht, hier bauete sich Wohlstand und Reichtum seine Behausung, während im alten Stadtteile die Befriedigung des ersten Bedürfnisses einer erst durch

Thätigkeit aufstrebenden Bevölkerung hervortritt. Die Gegend des erwähnten Erdfalles (1013) war schon damals bebauet. Nach diesem Unfalle blieb der unsichere, wenn auch wieder ausgefüllte Boden zum Teil bis auf den heutigen Tag ohne Wohnungen; nur am Rande dieser noch immer bemerkbaren Senkung (die Westseite der Neuen Sülze, die Altstadt ꝛc.) wurden späterhin wieder Häuser gebauet und die Not zwang wohl dazu, eine quer über den Erdfall führende Straße (das Meer) anzulegen. Daraus ist die ungewöhnliche Größe des Quartiers zu erklären, welches vom Meere bis zu den Vier Orten von keiner Queerstraße durchbrochen ist. In dem ältesten Stadtteile bildete sich zunächst die Straße, welche von der Sülze nach der Burg führte, die Salzbrückerstraße. Der Bach, der späterhin vom südlichen Fuße des Kalkbergs her um den Sülzwall geleitet ist, floß damals zwischen Stadt und Sülze und machte eine Brücke nötig; daher der Name der Straße. Mit dieser gleich laufend entstand zunächst die Straße der Altstadt; beide werden durch die Ohlinger Straße verbunden, welche nachmals als Neue Straße bis zum Meere fortgeführt ist, die nachdem eine zweite Neue Straße dort hergestellt wurde, den Namen Altneue Straße erhielt (die jetzige untere Ohlinger Straße), welche in den städtischen Pfandbüchern noch jetzt ihren alten Namen trägt. An die Altstadt schloß sich zuerst die Heil. Geiststraße (Wollenweberstraße hieß sie sonst) als nothwendige Verbindung der Sülze mit der ältesten Ilmenaubrücke in Modestorpe, so wie die Grapengießerstraße, die fortgesetzte Altstadt, von der Burg dorthin fürte. Beide würden verlängert zusammengestoßen sein; deshalb bauete man, als der Zwischenraum zu schmal wurde, nicht weiter nach Osten hin und so entstand die breite Straße der Sand, ein wahrer Schmuck der Stadt. Der Platz des Michaelisklosters (de hole Eke), der Gral und die Gegend bis zum Iflot waren noch wüste. So wie nun die Stadt von der Sülze aus nach dem Kalkberge hin sich ausdehnte, so erweiterte sie sich späterhin von der Sülze aus gegen Osten und Süden. Von der Sülze aus lief eine Straße, die Salzstraße, nach Nordosten der Ilmenau und dem Wendischen Dorfe zu, wo wahrscheinlich bald die Kaufhausbrücke erbauet wurde, welche auf die

Artlenburger Landstraße und die Elbe zu ³⁴), so wie die alte Brücke auf die Heerstraße nach Braunschweig führte. Die Durchkreuzung der Altstadt und Salzstraße (Vier Orte) nannte man veer Oren (vier Orde d. h. vier Ecken). Unmittelbar vor der Sülze baute man die Kapelle für die Arbeiter am Salzwerke, die nachmalige Lambertikirche, und das Haus zum Salzverkauf, die Salzbude, ein vor etwa dreißig Jahren abgebrochenes Gebäude am Kirchhofe. Gegen Norden war die Stadt durch das Meer und, wie unten gezeigt werden soll, durch die Katzenstraße abgeschlossen. An der Heil. Geiststraße baute man schon sehr früh das Hospital zum Heil. Geiste mit einer Kapelle und weitläuftigen Wirthschaftsgebäuden und Höfen, ein Beweis menschenfreundlicher Sorge der damaligen Salzfabrikanten für ihre alten und kranken Arbeiter ³⁵). Den Umfang dieser alten Stadt innerhalb der bezeichneten Straßen können wir so mit einiger Bestimmtheit angeben, schwieriger ist es, die Verhältnisse der Einfassung der Stadt, der Mauern und Tore, festzustellen. Daß schon in der frühesten Zeit bewohnte Örter sich durch irgend eine Schutzwehr nach außen hin zu sichern suchten, ist gewis. Diese Wehr bestand zuerst aus Planken und Pfählen — kommen doch noch solche Anlagen im sechzehnten Jahrhunderte teilweise am Kalkberge vor — und wurden erst im Laufe der Zeit durch eine Mauer, endlich durch Wall, Graben ꝛc. ersetzt. Wann die Stadt solche Sicherungswerke zuerst erhalten hat, darüber fehlt jede Nachricht, nur so viel steht fest, daß im elften Jahrhunderte schon Wehren gewesen sein müssen, denn im Jahre 1072 wurde die auf der Burg gefangen genommene Besatzung Heinrichs IV. in der Stadt verwahrt. Ein völlig offener Ort würde dazu wenig geeignet erschienen sein. Wir wissen ferner, daß eine Mauer die Stadt mit der Burg vereinigte, den Grimm aber ausschloß. Es werden auch Tore an der Süd-, West- und Nordseite genannt, aber nie ist die Rede von einem Abschlusse gegen Osten, namentlich in der oben angedeuteten Begrenzung, und wir müßten doch nach den Hauptstraßen, welche nach der Ilmenau hinführten, dort mehre Ausgänge vermuten. Leicht wird diese Schwierigkeit aus dem Wege geräumt, wenn wir annehmen, daß man schon früh die Notwendigkeit einsah, die Ilmenau mit der Altstadt zu verbinden und demgemäß das Wendische Dorf und Modestorpe in die Stadtwehr einzuschließen. Im dreizehnten Jahrhunderte bestand diese Verbindung schon. Wenn wir nun die Erbauung dieser Mauer ins zwölfte Jahrhundert setzen, so trifft dies mit der Erweiterung, welche Lüneburg nach der Eroberung von Bardewik (1189) erfuhr, zusammen, und beide Erscheinungen bestätigen sich gegenseitig. In derselben Zeit tritt auch der **Neue Markt** hervor und mit diesem das **Rathaus**, dessen ältester Teil seiner rohen Bauart nach dieser Annahme nicht widerspricht. So hatte sich die Gemeinde ein geräumiges Feld zu neuem Anbau geschaffen. Daß dieses nicht in der Zeit weniger Jahre benutzt wurde, liegt in der Natur der Sache. Die Städte wuchsen damals nicht nach dem Maßstabe unserer Zeit. Lange mögen daher in dem neuen Stadtteile (die Benennung Neustadt habe ich noch in keiner Urkunde gefunden) noch wüste Plätze gewesen sein, daß aber auf dem Sande und dem Markte schon angesehene Bürgerfamilien im dreizehnten Jahrhunderte wohnten, beweisen die Namen der Zeugen und Ratmänner **Jakob und Arnold vom Sande (1228), Konrad vom Neuen Markte (1250)** u. a., aber wir finden auch noch im vierzehnten Jahrhunderte unbebaute Gegenden. Die Stadt muß freilich in diesem Übergangszustande ein sonderbares Bild gewährt haben, und es möchte sich wohl schwerlich ein zweites Beispiel eines derartigen Wachstums einer Stadt nachweisen lassen. Es scheint in der Tat, daß schon die älteste Mauer, welche die Gemeinde baute, den ganzen(?) jetzigen Stadtraum (mit Ausnahme des Werders) umfaßt habe, wenigstens ist weder in der Örtlichkeit der Straßen noch in schriftlichen Denkmälern irgend eine Spur von einem Abschlusse, der die jetzige Stadt durchschnitten habe. Bei der Bebauung dieses Raumes ging man regelmäßiger zu Werke, als in der Altstadt. Die Hauptlinien der Straßen ergaben sich von selbst; man folgte nur der Richtung der alten Landstraßen; die Queerstraßen bildete das Bedürfnis oder der Zufall. Schnurgerade baute man nicht, aber man war bedacht, die Wege breiter zu machen, als in der Altstadt, und einen geräumigen öffentlichen Platz, der dort ganz fehlte, anzulegen. Nur die Hauptstraßen berücksichtigte man. An diesen baueten sich die wohlhabenderen Bürger an und fanden

Raum genug, neben einem ansehnlichen Gebäude auch einen weiten Hof anzulegen. Die Grundgestalt des altsächsischen Hauses [36] kam dabei gewis noch mehr in Anwendung, als wir sie in den Gebäuden späterer Zeit finden. Es werden nicht die massenhaften hochgiebligen bunt verzierten Patricier- und Brauhäuser des funfzehnten und sechzehnten Jahrhunderts gewesen sein, gewis aber enthielten sie die gewaltige Hausflur (Diele), welche bis auf ein kleines Wohngemach den ganzen unteren Raum ausfüllte, eben so geräumige Keller und Böden und im Hinterhause Stallungen für Haustiere aller Art. Ein großer Hof und eine Durchfahrt war unentbehrlich. So erkennen wir die Häuser an den Hauptstraßen noch jetzt, und wir dürfen annehmen, daß einst alle Wohnhäuser an der Heil. Geiststraße, an der Grapengießerstraße, dem Sande, dem Berge, der großen Beckerstraße (die kleine Beckerstraße ist eine erst späterhin geöffnete Verbindung zwischen Sand und Markt), dem Markte, der Bardewikerstraße und Neuen Sülze Durchfahrten von der Hauptstraße nach der entgegengesetzten Straße hatten. Diese Queer- und Nebenstraßen benutzte der Handwerker zum Bau seiner bescheidenen Wohnung, und neben der Stadtmauer fand der Tagelöhner, Sülzarbeiter ꝛc. seine Häuschen (Buden, gewöhnlich Hinter- und Nebenhäuser), zum Teil in engen Höfen und Gängen und auf Sälen (d. h. Wohnungen über Ställen, Salzräumen ꝛc.).

Die Tore des neuen Stadtteils finden wir natürlich in der Zeit Heinrichs des Löwen noch nicht. Wie die Stadt in Osten sich abschlos, ist nicht zu ermitteln, aber die Tore der Altstadt sind uns wenigstens im dreizehnten Jahrhunderte bekannt. Von der Sülze unmittelbar eröffnete das Sülztor den Weg auf die große Heerstraße, welche über Hasenburg in die Heidmark führte. Südlich vom Kalkberge war das Grimmer Tor, durch welches der jetzt mit dem Tore verschwundene Weg nach dem Bischofssitze Verden führte, und der jetzige Gralwall, da wo der Aufgang zum Bardewiker Walle ist und ein Eingang zur Stadt noch jetzt deutlich vorliegt, umschlos das Lindenberger Tor, in dessen Nähe der Bischof und das Stift Verden sich Höfe erwarben [37]. Als späterhin das Bardewiker Tor erbauet wurde, ließ man das Lindenberger eingehen. Die Herzöge Wilhelm und Magnus erlaubten dem Rate, das Grimmer Tor zuzumauern und auch das Lindenberger Tor, welches bis dahin nur eine Nebenpforte gewesen zu sein scheint, wie ein anderes Tor zu gebrauchen oder ganz eingehen zu lassen und statt der beiden ein neues zwischen diesen anzulegen [39]). Dies ist das jetzt noch so genannte Neue Tor am nördlichen Fuße des Kalkbergs. Das Rote Tor scheint erst nach Bebauung des Sandes benutzt zu sein. Kein anderes Tor wird in dieser Zeit erwähnt; die Ausgänge nach Osten zu bleiben völlig im Dunkeln. Die Altstadt umfaßte so ziemlich das jetzige Sülzviertel und reichte im Norden bis zur Neuentorstraße.

Haben wir die Grenzen des ältesten Stadtteils im Obigen nach der Beschaffenheit der Örtlichkeit erforscht, so finden wir eine Bestätigung unserer Ermittelung in dem alten Wordzins [39]). Diese Abgabe haftet nur auf dem Grunde der ältesten Stadt und kommt in dem neuen Stadtteile nicht vor; wahrscheinlich wurde sie schon bei der Erweiterung der Stadt von Heinrich dem Löwen erlassen. Herzog Otto erklärte, daß die Worde (Wurde) to vriem rechte bebauet und besessen werden sollten (statuimus de areis aedificandis ut libero jure possideantur. Stadtrecht von 1247) [40]). Durch Kauf ging er an andere Besitzer, zuletzt vielleicht an den Rat der Stadt selbst über und wurde nicht mehr erhoben; nur auf einer Zahl von 139 Häusern blieb er und wurde bis zum Jahre 1825 mit 3 Rtlrn. 12 ßr 4 ₰ Kass. Mze. im Ganzen an den Landesherrn entrichtet. Diese zinspflichtigen Häuser liegen innerhalb eines Bezirks zwischen der Roten Straße, der Katzenstraße, der Michaeliskirche, unteren Ohlingerstraße und der Sülze. Damit ist also die Ausdehnung des alten Stadtteils in Übereinstimmung mit der obigen Ermittelung deutlich bezeichnet. Der Sand, die Beckerstraße, die untere Schrangenstraße, die Neue Sülze, das Meer und die Neue Straße sind von dieser Abgabe nicht berührt. Dieser Raum nimmt den vierten Teil der jetzigen Stadt ein und giebt uns einen ungefähren Maßstab der Bevölkerung dieses alten Lüneburgs, zu dem wir natürlich die Bewohner des Grimms hinzurechnen müssen. Es würde indes ein Misgriff sein, wollten wir ohne Weiteres die Einwohnerzahl auf ein Viertel der Bevölkerung jetziger Zeit annehmen. Die Altstadt zählte im zwölften und dreizehnten Jahrhunderte nicht so viele Familien, als jetzt[1]), da die zahlreichen Burgmannshöfe jener Zeit gewis erst späterhin vielen kleinen Wohnungen Platz gemacht haben.

Der Ausbau des Raumes innerhalb der jetzigen Wälle ist offenbar im vierzehnten Jahrhunderte, der Zeit, in welcher Lüneburg dem Höhepunkte seines Reichtums, seiner Machtstellung gegen den Landesherrn und seiner politischen Wichtigkeit als Hansestadt schnell entgegeneilte, vollendet, denn um diese Zeit werden, wenn auch noch manche Wüstungen aus dem vorigen Jahrhunderte übrig waren, diese doch gerade als neue Bauplätze bezeichnet, und wir finden sämmtliche Plätze und Straßen der Stadt genannt. Die Ilmenau ward in Osten die Grenze und die beiden Gemeinden Modestorpe und das Wendische Dorf bezeichneten am Flusse die Endpunkte gegen Süden und Norden. Diese verband man schon im dreizehnten Jahrhunderte durch eine Mauer mit den entsprechenden Ecken, Sülze und Kalkberg in Westen, und so war das längliche Viereck, welches noch jetzt die Stadt bildet, und merkwürdig genug seit einem halben Jahrtausend nach keiner Seite hin durchbrochen oder erweitert ist, vollendet. Die Anlage der Tore machte sich von selbst, so wie schon vor dieser Zeit das Rote Tor der Gemeinde Modestorpe notwendig war, so bildete das Bardewiker Tor die Ausfahrt nach Norden. Das östlicher gelegene Lindenberger Tor wurde dadurch gerade überflüssig und ging ein (S. 18). Die beiden Hauptbrücken veranlaßten eben so natürlich, das Lüner und Altenbrücker Tor, deren auffallende Nähe bei einander durch die alten Verkehrstraßen über beide Brücken sich von selbst erklärt. Nicht unwahrscheinlich ist es, daß vor der planmäßigen Ummauerung der Stadt die Mühlen die Überfahrt über die Ilmenau vermittelten. Beweise dafür scheinen die Richtungen zweier Hauptstraßen zu sein. Die Brodbänke und Rosenstraße führten sicherlich einst in voller Breite zur Mühle, und daß die Alte Brücke ursprünglich nicht der Endpunkt des Sandes gewesen ist, geht aus der Lage der Johanniskirche hervor, die in einer Krümmung von der Straße umgangen werden muß. Vor dem Anbau des Sandes ging die Richtung des Weges sehr natürlich auf die Ratsmühle zu. Mauern umschlossen im vierzehnten Jahrhunderte schon die ganze Stadt in ihrem jetzigen

Umfange. Dies beweiset der Verlauf des berühmten Kampfes am 21. Oct. 1371. Die herzoglichen Krieger überstiegen die Mauer, wurden aber durch sie gehindert, sich durch die Flucht zu retten. Die Eroberung der Burg durch die Bürger gab übrigens auch zu einer Veränderung der westlichen Stadtbegrenzung Veranlassung. Die Bürger hatten, schon ehe sie den bekannten Überfall des Kalkbergs ausführten, von den Sächsischen Herzogen Wenzeslaus und Albrecht die Ermächtigung erhalten, die alte Stadtmauer, welche die Stadt mit dem Kalkberge verband, abzubrechen und durch eine neue Mauer die Stadt völlig von dem Berge zu trennen (Urk. vom 6. Jan. 1371, von Wedekind angeführt in der Beilage zur Hannov. Zeitung 1832, Stck. 89. Das Original im städtischen Archive). Dies ist geschehen, und so großen Wert legte man auf diese Abschließung, daß man kein Bedenken trug, die Cyriakskirche, die einzige Pfarrkirche der Altstadt, durch die neue Begrenzung, welche in späterer Zeit dem Machtspruche des Landesherrn wieder weichen mußte, von der Stadt auszuschließen, was natürlich die gänzliche Zerstreuung der Gemeinde zur Folge hatte. Die folgenreiche Eroberung und Zerstörung der Burg brachte die Burgmänner auf der Altstadt und im Grimme in eine eigentümliche Lage. Was sollten ferner Burgmänner, wo keine Burg mehr war? So sehen wir denn, wie die Höfe derselben, die freilich fürstliche Lehne waren, mit oder ohne Genehmigung des Lehnsherrn in den Besitz der Bürger übergehen. Wie unselbstständig die älteste Gemeinde war, scheint daraus hervorzugehen, daß in der alten Stadt keine Spur eines Gemeindehauses ist. Als ein solches im dreizehnten Jahrhunderte nötig wurde, fand man im Umfange der damaligen Stadt keinen Raum dafür und wählte daher einen Platz am Neuen Markte außerhalb der alten Grenze, da, wo das jetzige Rathaus steht, dessen ältester Bau, die sogenannte Küche, noch jetzt in seinem bis zur Giebelspitze reichenden Mauerwerke, das aus den rohen Gipsblöcken des Kalkberges aufgeführt ist, die unverkennbaren Spuren seines hohen Alters trägt. Die Gegend des Rathauses war damals noch unbebauet, wie das nahe daran liegende Franziskanerkloster beweiset, welches Herzog Otto das Kind auf dem wüsten Hügel des Gösebrinks errichtete. Man nannte den freien Platz daneben, den jetzigen regelmäßig und großartig angelegten (er mißt der Länge nach vom Marienplatze bis zum ehemaligen Schütting gegen 600 Fuß) Marktplatz, den Neuen Markt, ein Beweis, daß in der Altstadt schon ein Marktplatz (wahrscheinlich der Platz vor der Sülze up dem Hare, jetzt der Harz genannt) gewesen sein muß. Ganz natürlich also ist es, daß alle übrigen öffentlichen Gebäude, welche bei der sich immer mehr ausdehnenden Gemeindeverwaltung nach und nach nötig wurden, Marstall, Apotheke, Münzhaus, Frohnerei, Schütting, Bauhof, das Hospital im Gral, die meisten Zunfthäuser, das Kalandshaus ic. in dem neuen Stadtteile zu finden und so wie sie nach einander entstanden, immer weiter nach der Ilmenau zu hinausgerückt worden sind. Alles deutet darauf hin, daß seit Heinrichs des Löwen Zeit die Erweiterung der Stadt nach Osten und Norden vor sich gegangen sein muß. Der Fall des nahen Bardewik mußte Lüneburgs Wachstum befördern. Letzteres ist eine so natürliche Folge jenes Ereignisses, daß es keines Beweises bedarf, aber es wird auch von verschiedenen Chronisten geradezu bezeugt[42]); daß dieser Anbau jedoch erst nach und nach zu Stande kam, liegt in der Natur der Sache. Eben so natürlich ist es, wenn wir annehmen, daß man vorzugsweise die Gegend nach der Ilmenau zu, also namentlich den Sand, über den der nächste Weg über Modestorpe nach der Hauptbrücke gehen mußte, zur Bebauung wählte, und nicht weniger mochte die Nähe der Johanniskirche die Bürger zum Anbau einladen. Zu Ottos des Kindes († 1253) Zeit war noch die Altstadt ummauert, die Neustadt bildete damals also nur eine Vorstadt[43]), denn der jetzige Marienplatz, auf dem er 1229 eine Marienkapelle, 1235 aber das Franziskanerkloster gründete, war ein wüster, außerhalb der Stadtmauer belegener, von Sumpf und Wasser umgebener Hügel, Gösebrink, d. h. Gänsehügel genannt[44]). Damals muß aber die Bebauung der Neustadt schon im vollen Gange gewesen sein, denn um 1218 wird schon ein Johann vom Berge, 1250 Konrad vom Neuen Markte und 1228 ein Arnold Burmester auf dem Sande, 1249 ein Alardus bei der Marienkirche genannt[45]). Die Abtsmühle lag 1234 schon in der Stadt (Orig. IV, 143). Die Ilmenau, an die sich die neue Mauer anschloß, war die natürliche Grenze der Stadt in Osten, aber der Handelsverkehr, der in dieser Gegend unterhalb der Mühlen die Benutzung des Flusses zur Schifffahrt herbeiführte — namentlich war diese Wasserstraße dem Salzabsatz nach Hamburg, Lübek, Meklenburg ꝛc. unentbehrlich — mußte die Benutzung des anderen Flußufers zur Notwendigkeit machen, und so entstand ein zweiter neuer freilich sehr beschränkter Stadtteil auf dem Werder, wo noch heutiges Tages die Warenniederlage und der Ausladungsplatz der Schiffer ist [46]). Er wurde wahrscheinlich schon, ehe der Mühlenkanal und der Wall die andere Seite der Ilmenau umfaßte, in die alte Mauer eingeschlossen.

Mit dem Schlusse des vierzehnten Jahrhunderts scheint der Grund und Boden schon überall in Privatbesitze und bebauet gewesen zu sein, denn als der Herzog 1381 das (ehemalige) Schloß am Ochsenmarkte bauen wollte, mußte er erst das Haus der Margareta von Lübek ankaufen und die Prämonstratenser des Heiligentals, die freilich einen noch freien Platz fanden, kauften ebenfalls erst den Hof der Familie Ribber (1374), um Raum für Kloster und Kirche zu finden, aber den Mönchen von St. Michael konnte noch (1373) zur Erbauung eines neuen Klosters ein wüster Platz innerhalb der Stadtmauer, die hohle Eiche (de hole ek) genannt, angewiesen werden. Die großartigen städtischen Patricier- und Brauhäuser finden sich, wie oben gesagt, fast nur in der neuen Stadt; kein einziges Gebäude der Altstadt läßt sich mit dem Glockenhause, dem Schütting, der Ratsapotheke, den Familienhäusern der v. Witzendorf an der Bardewiker Straße und am Markte, der v. Dassel in der Beckerstraße und der Münze, der Biskulen an der Salzstraße am Wasser und vielen ähnlichen vergleichen. Der Sand ist älter, als der Markt; erst nach dem Anbau der Gegend um letzteren entstand die Große Beckerstraße, der denn die schmalere Kleine Beckerstraße (anfangs offenbar eine bloße Nebenstraße) zur Verbindung mit dem Sande dienen mußte. Im funfzehnten Jahrhunderte reichte der Raum nicht mehr aus; seit dieser Zeit suchte man jeden noch freien Platz zu benutzen, und so entstand die westliche Umbauung der Nicolaikirche, der vielleicht dem ursprünglichen Plane nach eine größere Länge zugedacht war, so wie selbst die Benutzung der Stadtmauer, an die man überall kleine Wohnhäuser und Salzräume anlehnte. Ein günstiges Geschick hat die Kirchen vor jeglichem Anbau bewahrt. Die Anlage des Walles in der Mitte des funfzehnten Jahrhunderts schlos die Stadt nach allen Seiten ab und zog die Ilmenau, den Kalkberg und die Sülze in den Bereich der Stadt. Der Rote und Sülzwall folgte nicht den Häuserreihen der Stadt, sondern dehnte sich, um eine gerade Linie von dem Sülztore zur Ratsmühle zu gewinnen, gegen Süden aus, so daß man sogar den bedenklichen Schritt wagte, die den Plan beeinträchtigende alte Gertrudenkapelle und deren Kirchhof (den jetzigen Roten Kirchhof) nach Süden hinauszurücken. Die Quartiere am Bardewiker Walle waren damals schon bebauet, und das war der Grund, daß man den hohen Wall, den man nicht über die Linie des Gralwalles hinausrücken wollte, nach der Stadtseite zu mit einer hohen Mauer und starken Strebepfeilern stützen mußte. Am Stintmarkte rückte man die Wohnhäuser, die noch im vorigen Jahrhunderte den Kai bis zur Kaufhausbrücke einnahmen, selbst in den Fluß hinaus.

So sehen wir die Stadt von Sülze und Burg in grauer Vorzeit ausgehend, dann im dreizehnten Jahrhunderte mit einem Male eine Ausdehnung bis zur Ilmenau gewinnend, den anfangs noch wenig benutzten Raum bereits durch Mauern einschließend und allmählich mit Anbauern sich füllend, bis mit dem Beginne des funfzehnten Jahrhunderts jeglicher Bauplatz benutzt ist und der Raum zu enge wird.

Haben wir nun das Dunkel der Entstehung des ältesten Lüneburgs aufzuhellen versucht, haben wir das Wachstum der Stadt belauscht und endlich nach sicheren geschichtlichen Zeugnissen den Umris derselben in der Zeit der kräftigen Blüte Deutscher Gemeinwesen überhaupt festgestellt, so wenden wir uns nun zu dem anderen nicht minder wichtigeren Teile unserer Untersuchung, zur Geschichte der Gemeindeverhältnisse der Stadt. Lüneburgs Name ist mit den Schicksalen dreier hochmächtiger uralter Geschlechter, der Ludolfinger, der Billinger und der Welfen, mehr oder weniger verbunden. Lüneburg war eine Stadt, deren Macht einst Fürsten fürchteten und um deren Gunst einst Fürsten buhlten, deren Bürger für ihre Rechte erfolgreich selbst das Schwert erhoben und Freunden kräftigen Beistand leisteten, die aber auch die Künste des Friedens ehrten, Schule und Universität förderten und die nahe daran war, selbst der Sitz einer Hochschule zu werden. Betrachten wir nun diese Stadt als bürgerliche Gemeinde, verfolgen wir deren Wurzel bis in die dunkle Tiefe der Vorzeit und versuchen wir, die ersten Keime des Gemeinwesens aufzuspüren, ihre Entwickelung Schritt vor Schritt mit forschenden Blicken zu begleiten und endlich im hellen Lichte urkundlicher Beweise die Grundzüge eines starken, hoch berechtigten, in altgermanischer Freiheit sich bewegenden Gemeindewesens darzulegen.

Die ersten bemerkbaren Keime der Stadt liegen noch im Bereiche der heidnischen Zeit. Karl der Große hat das Christentum in dieser Gegend gegründet; von seiner Zeit wird wahrscheinlich die erste Erbauung eines Christlichen Bethauses, einer Kapelle, Kirche oder, wie wir die älteste Anlage eines Gotteshauses nennen wollen, ausgehen. Welches Gotteshaus zuerst gestiftet sein mag, darüber fehlt jede Nachricht. Wir finden späterhin drei Kirchen, über deren Entstehung völliges Dunkel herrscht, davon eine aber gewiss in die Karlingische Zeit hinaufreicht, sei es nun, daß die alte Malstatt des Gogerichts an der Alten Brücke (die Johanniskirche in Modestorpe) oder die Pfarrkirche der Altstadt (Cyriakskirche) oder die Kapelle der ersten Gemeinde der Sülzarbeiter (Lambertikirche) zuerst gegründet wurde. Über den Vorzug des Alters mögen die drei ursprünglichen Patrone dieser Gotteshäuser, der Bischof von Verden, der Landesherr ꝛc. streiten; die Tatsache steht fest, daß durch eine dieser drei Kirchen das Christentum sich vom Heidentume schied; es können jedoch noch andere kirchliche Stiftungen angeführt werden, die Nicolai-, Antonii-, Gertrudenkapelle u. a., über deren Ursprung wir völlig im Dunkeln sind[47]). Wir treffen hier schon im neunten Jahrhunderte drei Gemeindeverbände, Modestorpe, die Altstadt (von der wohl die Sülzgemeinde, wenn auch mit besonderem Bethause, nicht getrennt werden darf) und wahrscheinlich auch das Wendische Dorf[48]). Über die bürgerlichen Verfassungsverhältnisse derselben fehlt jede Andeutung, aber wir haben keinen Grund, anzunehmen, daß es in diesen anders gewesen sei, als in anderen Germanischen Gemeinwesen. Sie standen unter der Aufsicht des Grundherrn, und das war kein anderer als ein Ludolfinger, vielleicht noch höher hinauf Widekind's Geschlecht, späterhin ein Billinger, dann die Welfen. Jede Gemeinde mochte ihren Bauermeister haben⁴⁹), stand aber seit dem ältesten Bau auf dem Kalkberge unmittelbar unter dem Vogte der Burg. Er hatte den Vorsitz im Gerichte. Die alte Malstatt der Sülze kennen wir noch; es waren die großen Steine vor der Sülze, bei denen der Herzog selbst auch Gericht zu halten pflegte. Im Gogerichte der Alten Brücke leitete ohne Zweifel derselbe Grundherr die Verhandlungen, bis er mit diesem Rechte Burgmannsgeschlechter, zuletzt noch die v. Wittorf (vergl. S. 5) belehnte. Zwei Jahrhunderte mindestens sind hingeschwunden, ohne daß sich in diesen Verhältnissen etwas geändert haben mag; aber Heinrichs des Löwen Zeit dürfen wir als diejenige betrachten, in der sich Neues vorbereitete. Unter ihm, der in der Lüneburg öfters weilte, der das Michaeliskloster reich beschenkte, der sich des Salzhandels besonders annahm und eifersüchtig deshalb sogar Gewaltschritte gegen das Salzwerk in Oldeslo erlaubte, hat sich aller Wahrscheinlichkeit nach die Bedeutung der Altstadt gehoben; sicher war dies auch nach den Angaben alter Chronisten der Fall, als das benachbarte Bardewik so tief gedemütiget und dessen Handelsverkehr so gut wie vernichtet wurde. Mag auch die altberühmte Stadt fortbestanden haben⁵⁰), die natürliche Nebenbuhlerin am Fuße des Kalkbergs und an den Ufern desselben Flusses, der Bardewiks Verkehrsstraße war, die von dem erbitterten Herzoge nun um so mehr begünstigt ward, da sein eigener Vorteil es mit sich brachte, seiner Erbstadt den Handel möglichst zu sichern, trug nun vollends den Sieg davon und blühete schnell auf. Mit der Zahl der Einwohner und der Ausdehnung der Altstadt stieg Wohlhabenheit und Ansehn des alten Ortes und im Gefolge derselben das politische Gewicht. Es ist dies ja die Zeit, in welcher Deutschlands Städtewesen überhaupt Leben gewann, ein Bürgerstand sich bildete und trotz mancher Gegenbemühungen der Könige Gemeindefreiheit gegründet wurde. Daß solches auch hier geschah, davon zeugt keine Urkunde, aber klar geht dies aus dem, was wir im nächsten halben Jahrhunderte wahrnehmen, hervor; Lüneburgs Bürger treten mit dem dreizehnten Jahrhunderte in Urkunden auf. Zuerst finden wir solche als Zeugen in einer Urkunde des Herzogs Wilhelm vom Jahre 1200 neben den Burgmännern [51]), dann in einer Urkunde desselben Herzogs vom Jahre 1205 [52]), in welcher Bürger als Zeugen zwischen den Ministerialen und den Rittern aufgeführt sind. Freilich geben uns diese Zeugen noch keinen bestimmten Aufschluß über die Gemeindeverhältnisse der Stadt, aber so viel läßt sich doch aus der Stellung der genannten Bürger, unter denen wir schon das späterhin auftretende Geschlecht der Sodmeister und Nieper treffen, schließen, daß es Männer waren, die ein öffentliches Ansehn genossen, wahrscheinlich Sülzbegüterte oder Sülzpächter und Beisitzer des Gerichts, welches der Herzog mit seinem Vogte hielt. Mehrere von diesen erscheinen auch in den Urkunden der Jahre 1218, 1225, 1226 u. b. folgenden, in denen sich überhaupt viele der Namen wiederholen, neben dem Vogte. Wir sehen hier die ersten Anfänge eines Gemeinderates, erfahren aber von dessen Befugnissen nichts. So ist es ja aber auch überall in Deutschland mit den ersten Anfängen der städtischen Gemeinden beschaffen. Die Zeit der Städtebildung kannte, so wenig, wie die Verfassungsgeschichte des ganzen Deutschen Vaterlandes in dieser Zeit, Constitutionen und Patente; das Bedürfnis, wie es die örtlichen Verhältnisse mit sich brachten, allein hat der Gemeinde den Ursprung geschaffen; es bildete sich Alles von innen und von selbst heraus; keine Schulweisheit hat darüber zu Rate gesessen. Ohne Leitung kann keine Gemeinde bestehn. Der Vogt war der Vertreter des Grund- und Landesherrn, dessen wichtigstes Amt der Vorsitz im Schöffengerichte war. Aus dem Schöffengerichte, dessen Mitglieder vom Vogte gewählt wurden, bildete sich aber der Rat der Gemeinde, und so wurde der Vogt ganz folgerichtig auch Vorsitzer der Verwaltungsbehörde, deren Geschäfte ursprüglich sehr einfach (Gemeindesteuer, Polizeiordnungen ꝛc.) waren, aber mit dem Wachstum der Gemeinde einen immer größeren Umfang gewannen. So wie jedoch der Vogt als Richter nicht selbst urteilte, sondern die Urteile nur von den Schöffen finden ließ, so übte er auch im

Rate kein anderes Recht, als die Verhandlungen zu leiten und in Urkunden seinen Namen an die Spitze des Collegiums zu setzen. Es bildete sich in den Geschäften des Gemeinderates ein Herkommen und dieses galt im Mittelalter eben so viel als geschriebene Gesetze. Wie weit sich das Gemeindewesen im zwölften Jahrhunderte schon ausgebildet habe, welche Rechte von dem Gemeinderate schon geübt sein mögen, darüber spricht keine Urkunde, daß sie aber nicht unbedeutend gewesen sind, daß sich die alte Grundherrlichkeit schon sehr gemildert, daß vom Herzoge schon bestimmte Rechte zugestanden sein müssen, daß überhaupt letzterer der Gemeinde förderlich war, läßt sich eben sowohl aus den Verhältnissen der Stadt, als aus dem sogenannten Stadtrechte, welches Herzog Otto das Kind 1247 der Stadt verlieh, mit Sicherheit schließen. Das wichtige Salzwerk, die zahlreichen Burgmannshöfe und das Kloster veranlaßten einen bedeutenden Verkehr, der Sülzbetrieb bereicherte zahlreiche Familien und gab den Bürgern Ansehn und Einflus. Alles dies mußte im erhöhten Maße nach dem Falle Bardewiks statt finden, und so ist kein Zweifel, daß der Schlus des zwölften Jahrhunderts in Lüneburg schon ein selbständiges und berechtigtes Gemeindewesen fand. Ein halbes Jahrhundert wuchs nun die Stadt ohne Geräusch und gewann immer bestimmtere Gestalt; da tritt uns jene Urkunde Ottos entgegen, die uns beweiset, wie der Herzog, dem Ringen seiner Zeit nachgebend und überall städtische Selbständigkeit fördernd[33]), alte Fesseln löset, alte durch Herkommen und Begnadigung seiner Vorfahren erworbene Rechte sicher stellt und eine Bürgerfreiheit gründet, die in der Folgezeit durch Reichtum erstarkt, an Macht und Ansehn im ganzen Sachsenlande wenige ihres Gleichen fand, ja, sich bis zu solcher Höhe hob, daß von Abhängigkeit kaum noch ein Schein übrig blieb.

Wie der älteste Gemeinderat zusammengesetzt, in welcher Zahl, wie und auf wie lange Zeit er gewählt war, das läßt sich nicht alles mit Sicherheit ermitteln. Seit dem Jahre 1200 werden B ü r g e r in Urkunden erwähnt; daß diese als öffentliche Personen auftreten, geht schon daraus hervor, daß sich ihre Namen eine Reihe von Jahren hindurch wiederholen. Daß z w ö l f M ä n n e r den Rat bildeten, läßt sich mit ziemlicher Gewißheit annehmen, da wir diese Zahl fast überall in den Schöffencollegien und Räten Deutscher Städte finden. Die ältesten Urkunden erwähnen aber nur eine sehr veränderliche Zahl von Bürgern (burgenses) als bloße Zeugen, so daß uns diese in Hinsicht der Zahl der Ratmänner keinen Anhaltspunkt geben [54], aber eine Urkunde von 1225 [55]) nennt den Vogt und zwölf Bürger. Hier haben wir also sicher den ordentlichen Rat. Eine Urkunde vom Jahre 1228 [56]) nennt neben dem früher als Vogt aufgeführten Hartmann, statt dessen Diedrich Bor als Vogt bezeichnet ist, siebzehn Bürger, von denen neun schon 1218, 1225 und 1226 [57]) vorkommen. Was ist nun von den übrigen acht zu halten? Man könnte versucht werden, hier an eine doppelte Gemeinde zu denken, denn unter den zum ersten Male hier genannten ist ein Hermannus Magister civium und ein Arnoldus Magister civium in Harena, und Gebhardi in seinen handschriftlichen Collectaneen hält beide für Bauermeister und nimmt neben der Altstadt eine Gemeinde auf dem Sande an, allein diese Annahme entbehrt jegliches Grundes. Magister civium deutet nicht auf das Amt eines Bauermeisters, denn sonst würden doch beide wohl an der Spitze der beiden Gemeinderäte stehn, wie der Vogt; jene Bezeichnungen sind nichts weiter, als die Übersetzung des Namens Burmester, so wie der Name Sodmeister durch Magister putei und Münter durch Monetarius übersetzt wird. Von einer zweiten Gemeinde findet sich auch nicht die geringste Spur. In keiner Urkunde ist von einer andern Bürgerschaft die Rede, in keiner Nachricht der folgenden Zeit die leiseste Andeutung eines Anschlusses einer neuen Gemeinde an die alte. Das Wachstum der Stadt geht allmählich von der Altstadt zur Ilmenau hin, daß nichts auch nur der Vermutung der Bildung einer von der Altstadt getrennten Gemeinde Raum giebt. Wie wir nun jene siebzehn Zeugen zu erklären haben, wird aus dem, was weiter unten vorkommt, wohl hervorgehen, denn daß die genannten nicht gewöhnliche Bürger waren, sondern als Beamte der großen Zahl von Zeugen ritterliches Standes sich anschließen, darf aus den älteren und späteren Urkunden, in denen ein gleiches Verhältnis deutlicher zu Tage tritt, geschlossen werden. Eine

Urkunde von 1243 (Gebhardi l. c. I, 195) nennt nur sieben
Zeugen, ganz neue Namen, aber diese treten ganz bestimmt als
Consules mit dem Vogt an der Spitze auf. Unerklärbarer ist
die Zahl von vier und zwanzig Zeugen im Jahre 1247 [58]),
die nur als burgenses bezeichnet werden. Man darf nicht annehmen, daß burgenses hier ohne Weiteres die consules
(Ratmänner) andeute, denn die Sprache der Lüneburgschen
Urkunden macht keinen Unterschied zwischen burgensis und civis,
vielmehr werden in einer ungedruckten Urkunde von 1257 consules
und burgenses neben einander gestellt, dennoch sind unzweifelhaft
die genannten Zeugen wirkliche Glieder des Rates. Es wird
also damals schon einen größeren und kleineren Rat
gegeben haben, wie wir auch späterhin finden, den verwaltenden
Rat des Jahres aus zwölf Gliedern bestehend, die aber in wichtigen Fällen die zwölf Ratmänner des vorigen Jahres zuzogen [59]),
wie die beiden Urkunden des Jahres 1247 des Herzogs Otto
und der Herzogin Mechtild beweisen. Die Urkunden der nächst
folgenden Jahre geben uns auch keinen sichern Anhaltspunkt. Im
Jahre 1248 finde ich acht Ratmänner (Leverkus l. c. I, 85),
1249 in einer ungedruckten Urkunde des Klosters Lüne ebenfalls
acht, aber nicht alle dieselben, 1250 nennt eine Urkunde (v. Hoben-
berg, Walsroder Urkundenbuch) wiederum acht (consules), die
bis auf einen unter den früher genannten burgenses stehen, und
eine andere Walsroder Urkunde desselben Jahres führt dreizehn
consules auf, unter denen fünf früher noch nicht aufgetreten
sind; eine dritte Walsroder Urkunde von 1253 nennt den vollständigen Rat (Advocatus et universitas consulum) von zwölf
Personen, unter denen drei neue, und eine Urkunde desselben
Jahres (Leverkus l. c. I, 105) hat vierzehn consules, unter
denen drei früher nicht aufgetreten, während sieben der vorigen
Urkunde fehlen; eine vierte Walsroder Urkunde verzeichnet 1257
ebenfalls vierzehn consules, unter denen sechs zum ersten Male
namhaft gemacht werden und von denen die Urkunde desselben Jahres
bei Sudendorf (Urkundenbuch der Herz. v. Br. u. Lüneb. I, S. 30)
auch neun nennt, aber 1261 führt eine ungedruckte Urkunde des
Klosters St. Michaelis sechzehn Namen auf, von denen eine Lüner
Urkunde zwölf und eine andere bei Gebhardi (Collectan. III, 473)

nur elf nennt, aber einen zwölften schon bekannten hinzufügt. Einige Namen finden wir regelmäßig jedes Jahr, andere dagegen treten nur selten auf. Entscheidend für das unklare Verhältnis im Wechsel der Ratmänner sind die Urkunden aus den Jahren 1261 (Lüner Klosterarchiv), 1262 (Jung l. c. 79) und 1263 (Jung l. c. 80), denn jede derselben enthält den vollständigen Rat von zwölf Personen. Bei diesen stellt sich Folgendes heraus. Die Urkunde von 1262 nennt neben den eigentlichen consules noch sechs Männer, unter denen fünf als Ratmänner auch 1263 und drei auch 1261 erscheinen, aber auch von den consules kommen zwei im Jahre 1261 und einer auch 1263 im Rate vor. Von den Ratmännern des Jahres 1261 treten sechs als solche auch 1262 auf und die Urkunde von 1263 zählt fünf Namen des Jahres 1261 und sechs Namen des Jahres 1262 auf. Vierzehn Personen kommen in diesen Urkunden nur einmal vor, dagegen werden einige in allen drei Jahren genannt. Zwei andere Urkunden der Jahre 1261 und 1262 (bei Gebhardi l. c. VII, 162. 163) bringen wiederum Personen, die sonst nicht vorkommen und eine dritte Urkunde von 1261 (Gebhardi l. c. VII, 432) hat sechszehn Personen des Rats. Aus diesen Beispielen geht klar hervor, daß der Rat allerdings aus zwölf Mitgliedern bestand und jährlich ein Wechsel eintrat, daß aber nicht jeder, der im Rate saß, unbedingt nach Verlauf des Jahres austrat oder im dritten Jahre wieder eintrat. Wie die Wahl geschah, darüber sind keine Nachrichten vorhanden. Daß in ältester Zeit die Schöffen vom Vogte ernannt werden, ist nicht zweifelhaft, daß dies Recht in der Folge verloren ging, ist gewis, ob aber jemals die Gemeinde bei der nachmaligen Wahl der Ratmänner sich betheiligte, ist mehr als zweifelhaft. So wie der Vogt im Laufe der Jahre vom Rate immer mehr von den Geschäften entfernt wurde, so wird letzterer auch ohne Weiteres sich selbst ergänzt haben. Im vierzehnten Jahrhunderte geschah dies gewis.

Die Einteilung des Rates in einen alten und neuen findet sich bekanntlich fast in allen Deutschen Städten des Mittelalters, aber die Zahl der Mitglieder und der Wechsel sind sehr verschieden. In Lüneburg hört dieser Wechsel schon im funfzehnten Jahrhunderte nach und nach auf; es blieb nur die alljährlich wiederkehrende neue Verteilung der Ämter, die sich späterhin aber auch fast ganz verlor. Von einem Patricierregimente findet sich in älterer Zeit keine Spur. Daß Wohlhabenheit Ansehn und Einflus gegeben und den Weg in den Rat gebahnt hat, ist natürlich, daß aber der Salzverkehr besonders Wohlstand und Reichtum verlieh, ist bekannt, und daher sehen wir denn schon in der frühesten Zeit solche Geschlechter im Rate, die als Sülfmeister im funfzehnten Jahrhunderte sich zu einer bevorrechteten Patriciergilde erhoben und fast allein das Recht der Mitgliedschaft des Rates in Anspruch nahmen[60]). Die Sodmeister, von dem Sande, Zabel, Hollo, Veve, Rieper, Paron, Lange, Garlop u. a., die zum Teil Jahrhunderte lang den Ratsstuhl inne hatten, treten schon im dreizehnten Jahrhunderte auf.

Wir müssen nun die Frage beantworten: wie hat sich das Verhältnis des Landesherrn oder, was dasselbe ist, seines Vogtes zu der Gemeinde nach und nach gestaltet? In den ältesten Zeiten sind Alle, die sich auf landesherrlichen Grund und Boden niederließen, unbedingt diesem Grundherrn und seinem Vogte unterworfen; von Gemeinderechten ist nicht die Rede, und wenn ein Gemeindeverband sich bildete, so stand der Vorsteher derselben, der Bauermeister (magister civium), in allen Dingen als Untergebener des Vogtes da, der die Erhebung des Grundzinses und anderer Gebühren besorgte und zugleich die Polizeiaufsicht führte. Nach und nach tritt eine Gemeindeverwaltung ein; die Schöffen des Gerichts vertreten auch die Gemeinde und es bildet sich ein Gemeinderat, in dem das Schöffencollegium zuletzt völlig aufgeht. Der Bauermeister bleibt in seinem Verhältnisse als vogteilicher Angestellter und geht erst mit der Vogtei selbst an die Stadt über[61]). Daß ein herzoglicher Vogt der Lüneburgischen Gemeinde vorstand, ist unzweifelhaft, aber wir kennen Urkunden, in denen Vögte in ihrem Verhältnisse zur Lüneburger Gemeinde auftreten, aus dem zwölften Jahrhunderte gar nicht. Erst im Jahre 1200[62]) ist von einer Übertragung von Sülzgütern vor dem Vogte Hartmann die Rede, und dieser erscheint als Vorsitzer im Gerichte. Er gehörte zu den Burgmännern und kommt auch in den schon angeführten Urkunden von

1218 und folgenden Jahren bis 1234⁶³) vor. Daher bin ich geneigt, den in einer Urkunde von 1205⁶⁴) genannten **Wigradus Advocatus**, der unter den Bürgern steht, nicht für einen Vogt zu halten; er hieß wahrscheinlich Baget (Vogt). Dagegen steht in der Urkunde von 1228 Thidericus Bor tunc temporis advocatus, Hartmann aber ohne diesen Beisatz; vielleicht war jener subadvocatus. Die Rechte des Vogts waren ursprünglich sehr umfassend. Ohne seine Bestätigung galt kein Beschluß des Gemeinderats (Gevehardus Advocatus confirmavit secundum jus civitatis heißt es in einer Urkunde des Rates 1268) und die ganze Gemeindeverwaltung war von ihm abhängig. Dies änderte sich aber mit dem wachsenden Ansehn der Gemeinde und seitdem Herzog Otto die Selbständigkeit derselben erweiterte (1247). Im dreizehnten Jahrhunderte versuchte man schon und zwar mit sichtbarem Erfolge, des Vogts Rechte zu beschränken. Den Vorsitz im Gerichte hat man ihm nie streitig gemacht, aber aus der Verwaltung suchte man, ihn zu verdrängen. Er erscheint gegen das Ende des dreizehnten Jahrhunderts zu immer seltener in den Urkunden des Rates, und nach dem Jahre 1304 finde ich ihn in solchen gar nicht mehr. Eine gewisse Stellung hat man ihm freilich noch immer eingeräumt, doch ward diese mit der Zeit nichts weiter als eine leere Förmlichkeit, wie er denn z. B. bei dem sogenannten Ebbage⁶⁵) stets den Vorsitz führte und die Ebbagsartikel der Gemeinde vorlas. Wir sehen in Lüneburg denselben Gang der Verhältnisse, wie ihn Eichorn in der Deutschen Staats- und Rechtsgeschichte (II. §. 310) andeutet. Überall in Deutschen Städten sah man sich, so wie eine Stadtgemeinde erstarkte und ihre Kräfte fühlte, durch den Vogt beengt und war bemüht, ihn zu beseitigen, was auch den Städten in der Regel völlig gelang. Die Vogtei umfaßte nach ihrer ursprünglichen Bedeutung alle grund- und späterhin landesherrlichen Rechte; es hing von den Zeitverhältnissen ab, wie viel oder wenig der Landesherr von solchen retten konnte. Hier in Lüneburg, wo die Bürgerschaft in dem Sülzwesen eine unversiegbare Quelle des Wohlstandes und die eigentlichen Sülzpächter (Sülfmeister) die Grundlage eines sicheren Reichtums fanden, sehen wir daher schon, ehe der unheilvolle Sächsische Erbfolgekrieg dem herzoglichen Ansehn schwere Wunden schlug (mit der Zerstörung der Burg 1371 hörte Burgvogtei und Burgmannschaft mit einem Schlage auf), bereits im vierzehnten Jahrhunderte den Rat der Stadt sich um die vogteilichen Verhältnisse wenig kümmern. Wie der Vogt sogar in der Gerichtsbarkeit schon früh beseitigt war, geht daraus hervor, daß der Herzog selbst bereits im Jahre 1350 die Auflassungsbriefe über Sülzgüter, die der Vogt in älterer Zeit bei den Malsteinen vor der Sülze in öffentlichem Gerichte erteilte, von dem Rate nahm[66]). Mit welcher klugen Rücksicht der Rat verfuhr, Geldopfer nicht scheute, aber wertvolle Rechte stets im Auge behielt, geht daraus hervor, daß man den Landesherrn in seinen Einkünften nicht verkürzte, sondern die vogteilichen Gebühren in allen Verhältnissen unangetastet ließ, bis Geldnot den Herzog bewog, die Vogtei der Stadt zu verpfänden, endlich auf immer völlig abzutreten[67]).

So sehen wir, wie sich städtische Selbständigkeit durch Beschränkung der Vogtei von früher Zeit her immer mehr Bahn brach. Rechte, die gewöhnlich tatsächlich längst errungen waren, ließ man sich späterhin durch kluge Benutzung der Verlegenheit der Fürsten für Geld urkundlich zusichern, und der Rat verwandte zu diesem Zwecke unglaubliche Summen.

Es ist schon bemerkt, daß der Aufschwung, den Lüneburg nahm, der Zeit Heinrichs des Löwen zufällt. Vor dem Jahre 1200 haben wir darüber keinen urkundlichen Beweis, denn bis dahin erscheint stets nur die herzogliche Burg, die freilich eine bedeutende Rolle in den Kämpfen jenes gewaltigen Welfenfürsten spielt, niemals die Stadt, aber mit dem dreizehnten Jahrhunderte macht sich ein selbständiges, schon mit Rechten ausgestattetes Gemeinwesen unzweifelhaft bemerkbar, denn in den oben erwähnten Urkunden der Jahre 1200, 1205 und folgenden treten öffentliche Personen der Gemeinde auf, die als solche kenntlich genug sind, wenngleich sie erst in einer Urkunde des Jahres 1243 ausdrücklich Consules genannt werden. Daß also schon Heinrich der Löwe und dessen Sohn Wilhelm den Grund zu städtischer Gemeindeverfassung gelegt haben müssen, geht aus diesem Umstande klar hervor, und Lüneburgs Bedeutsamkeit im ersten Viertel des dreizehnten Jahrhunderts bezeugt der Verfasser der Stiftungsgeschichte des Franziskanerklosters, welcher die Stadt berühmt (durch die herzogliche Burg) und von Gott mehrfach begnadigt nennt[68]), so wie das Versprechen des Grafen Johann von Holstein, Lüneburger Bürger in Hamburg nicht mit ungesetzlichen Abgaben zu belästigen (1239), den bereits bestehenden Handelsverkehr beweiset[69]). Ältere Schriftsteller sind geneigt, den Anfang städtischer Freiheit oder die Städtegründung von der urkundlichen Erteilung eines sogenannten Stadtrechts, wie es fast jede Stadt aufzuweisen hat, abhängig zu machen, allein bei genauerer Betrachtung solcher Urkunden stellt sich heraus, daß sie gewöhnlich längst hergebrachte Einrichtungen nur bestätigen und alte Rechte durch neue vermehren, genauer bestimmen und urkundlich bezeugen. Eine solche Urkunde hat Lüneburg erst im Jahre 1247 aufzuweisen[70]), aber diese ist so weit entfernt, der Stiftungsbrief der städtischen Freiheit zu sein, daß sie vielmehr den Beweis liefert, daß die Stadt längst begründet und berechtigt war, daß schon des Herzogs Vorfahren sich der Stadt als gnädige und gütige Herrn bewiesen und daß Herzog Otto bestehende Rechte nur klarer feststellen und neue vertragsmäßig zusichern will[71]). Die Urkunde stellt sich schon durch die Menge der Zeugen aus dem Herrn-, Ritter- und Bürgerstande als eine sehr wichtig gehaltene dar, ist es aber auch in der Tat. Ich übergehe die mancherlei Rechtsbestimmungen, die Verhältnisse der Vogtei u. a. und führe nur an, daß der Herzog auf den Wordzins für den neuen Anbau[72]) Verzicht leistet, der Stadt gewissermaßen das jus fisci zugesteht, das Heergewede (Herewede) und die Gerade (Rade) zuspricht, alle Hörigen in der Stadt für 350 Mark Silber frei giebt, die Vogteirechte beschränkt und Freiheit von Abgaben und Zöllen zusichert[73]). Ob die Nachricht, daß 1226 schon eine Schusterinnung bestanden habe (Sartorius, Geschichte der Hanse; I, Vorrede, S. 30), gegründet ist, kann man dahin gestellt sein lassen, aber wenn Braunschweig 1227 Innungen hatte (Orig. Guelf. IV, 110, cf. Urk. von 1240 l. c. 183) und ein hiesiger Schuhmacher schon mit dem Abte von St. Michaelis über Sülzgüter (1239) sich verglich, so erscheint jene Angabe nicht unwahrscheinlich. Eine Urkunde von 1244, in welcher die Stadt als Käuferin von Grundstücken auftritt, beweiset ebenfalls, daß eine selbständige Gemeindeverwaltung schon vor dem Ottonischen Vertrage, denn so ist doch eigentlich die Urkunde von 1247 zu nennen, bestand. Bemerkenswert ist, daß auch die Herzogin Mechtild, Ottos Gemalin, durch eine an demselben Tage ausgestellte Urkunde ihre eigenen Leute in der Stadt für funfzig Mark Silbers frei erklärte [74]).

So ist nun Lüneburgs selbständiges und mit bedeutenden Rechten ausgestattetes Gemeinwesen eine Tatsache; der ummauerte Ort mit einem Rate an der Spitze und geordneter Verwaltung und wohlhabender Bürgerschaft in Besitz eines einträglichen Verkehrs steht als Stadt (im neueren Sinne des Worts) da, ausgezeichnet durch die herzogliche Burg, den Hort des Landes neben der Burg Braunschweigs, geschmückt durch das Michaeliskloster, das Familienheiligtum und die letzte Ruhestatt der Billinger, dann der Welfen, nicht weniger schon begabt mit Kirchen, Kapellen und anderen frommen Stiftungen [75]) verschiedener Art, auch mit einer Schule, die freilich nicht eine städtische Stiftung war, aber doch der Gemeinde zu Gute kam [76]).

Lüneburgs Geschichte weiter fortzuführen, liegt außerhalb des Planes, den sich der Verfasser dieses Versuchs, die Dunkelheit der ältesten Zeit aufzuklären, gesteckt hat, aber es bleibt, um das innere Wesen der ältesten städtischen Verfassung klar zu machen, noch die Beantwortung der Frage übrig: welches war die Geschäftstätigkeit des Rates und dessen Rechte der Bürgerschaft gegenüber? Wir werden freilich dabei die angegebenen Grenzen überschreiten müssen, aber dies ist zur Erkennung der Zeit, aus der uns keine Protokolle und Memorialbücher übrig sind, unvermeidlich; die spätere Zeit muß die Vorzeit erhellen.

Der Rat, das alte Schöffencollegium, leitet die ganze Verwaltung der Stadt. Er wird vom Vogte, der jenes Richtercollegium bildet, erwählt; von einer Mitwirkung der Bürgerschaft bei der Wahl ist keine Spur weder in früherer noch in späterer Zeit. Zwölf Ratmänner, die jährlich auf eine völlig unbekannte Weise aus der Gesammtzahl der im Collegium sitzenden Männer gewählt werden, führen die Geschäfte, doch scheinen alle in den Sitzungen anwesend gewesen zu sein, wenigstens enthält die schon erwähnte Sammlung von städtischen Ordnungen, der sogenannte Donatus [17]), beim Jahre 1359 den Beschluß, daß alle Ratmänner im Rate sitzen, aber nur die Namen von zwölf derselben in den Urkunden genannt werden sollen. Letztere verteilen die Geschäfte so unter sich, daß immer zwei zusammen die Leitung eines Zweiges der Verwaltung haben. So gab es im vierzehnten Jahrhunderte zwei Bürgermeister, Kämmerer, Weinherrn, Bauherrn, Bierherrn und Richtherrn. Der Rat nennt sich im dreizehnten Jahrhunderte bloß Consules, erst im Jahre 1330 finde ich die Bezeichnung Proconsul und 1348 Proconsules, also zu einer Zeit, in welcher der Vogt, wie oben gezeigt, aus den Urkunden schon verschwunden ist. Die älteste Deutsche Urkunde erscheint 1347. Die Bezeichnung des Rates ist seitdem verschieden: we de Rad=manne der Stad, we Radmanne nige und old, we Borgemestere und Radmanne, we de Rad, einmal sogar: we Radmestere und de Rad. Im Jahre 1387 erscheinen zuerst vier Proconsules an der Spitze, doch scheinen in dem sitzenden (neuen) Rate nur zwei die Geschäfte geleitet zu haben. Späterhin treten vier Bürgermeister auf und zwölf Ratsherrn (Consules et Senatores) und der älteste Bürgermeister führte in neueren Zeiten den wunderlichen Titel Protoconsul. Der Rat mußte von seiner ersten Entstehung an ein aristokratisches Ansehn haben. Man wählte natürlich nur die wohlhabendsten Bürger zu Schöffen und Ratmännern; die wohlhabendsten Bürger aber waren die Eigentümer oder Pächter von Sülzgütern (Pfannenteile oder Renten); daher sehen wir von der frühesten Zeit an Namen solcher Familien im Rate, die auf der Sülze begütert oder Pächter (Sülfmeister) waren, und diese Sülfmeister= schaft bildete im Laufe der Zeit eine eigene Innung und endlich den ersten Stand der Bürgerschaft, ja, sie war mit geringen

Ausnahmen im Besitze der Ratsämter. So kam es, daß am Ende die Leitung des ganzen Sülzwesens dem Rate zufiel und die Sülze selbst völlig mit der Stadt verwuchs; daher am Ende die völlige Oligarchie der aus der Sülfmeisterinnung hervorgehenden Patricier. Nur der zweite Stand der Bürgerschaft, die Brauerinnung, behauptete sich bis zum siebzehnten Jahrhunderte im Besitze einiger Ratsstellen. Besoldung solcher städtischen Collegien kannte man im Mittelalter nicht; Verehrungen bei gewissen Gelegenheiten und an festlichen Tagen haben gewis nicht gefehlt. Daher konnten nur Begüterte in den Rat kommen. Armut zwang den Ratmann Diedrich Schilsten im Jahre 1359, sein Amt niederzulegen; weshalb Hartw. v. b. Sülte in demselben Jahre aus dem Rate treten mußte, darüber erfahren wir nichts.

Welches Recht war in Lüneburg maßgebend? Darüber giebt ein Beschluss des Rates vom Jahre 1401 Auskunft. Das älteste Recht der Stadt war Gewohnheitsrecht, dann die urkundlichen Bestimmungen fürstlicher Verleihungen oder Bestätigungen, so wie die in den Gerichten gefundenen Urteile. Wo dies nicht ausreichte, trat das Sachsenrecht ein und nach diesem erst das Römische Recht. Ein vollständiges und noch jetzt im Wesentlichen geltendes Stadtrecht entwarf erst der Syndicus Husanus im Jahre 1583 [78]).

Wie verhielt sich denn die ganze Gemeinde zum Rate? Die Leitung der laufenden Geschäfte hatte ursprünglich der neue (sitzende) Rath, dieser aber zog in wichtigen Angelegenheiten den alten Rat zu den Beratungen, ja es kommen Fälle vor, daß alle Ratmänner (1377 waren deren 22, 1380 = 21) im Eingange der Urkunde genannt werden, und die wichtige Urkunde des Jahres 1247 zählt mehr als 25 Bürger als Zeugen. Wenn nun gleich von einer Mitwirkung der Gemeinde (gemeine Bürgerschaft) bei Beratung und Beschlusnahmen nicht die Rede ist, so bleibt es doch unzweifelhaft, daß der Rat manche Angelegenheiten nicht für sich allein erledigt hat, besonders wenn mit anderen Städten oder Fürsten verhandelt wurde, denn

diese wollten der Zustimmung der ganzen Gemeinde versichert
sein. Das steht fest, daß die Gemeinde in einzelnen Fällen
zugezogen und dies ausdrücklich im Eingange der betreffenden
Urkunde bemerkt ist. So lautet der Anfang einer Urkunde in
den wichtigen Unterhandlungen mit dem Herzoge Magnus
(Sonntag nach Barthol. 1370): we Radmann nnd de ganze
Gemenheit der Borghere, und 1290 beschließt der Rat habito
consilio cum discretioribus [79]) civitatis, ein Bürgerbuch anzulegen [80]), und die Sammlung alter Stadtrechte erfolgte auf
Anordnung der Radmanne, olden und nien, mit den
wisesten van der stad [81]). Das steht also fest, daß der Rat
ohne Zutun der Bürger gewählt wurde (der am Ebdage oder
am Tage der Bursprake versammelten Gemeinde wurden die
Namen der für das nächste Jahr gewählten Ratmänner bekannt
gemacht), daß das Amt eines Ratmannes ein Ehrenamt war
und keinen Anspruch auf Besoldung gab, daß die Bürgerschaft
durch einen Ausschus bei wichtigen Angelegenheiten mit beriet
und beschlos, wann aber eine solche Zuziehung der Bürger
erfolgen mußte, wer den Ausschus wählte und wie diese Weisesten
zu der übrigen Gemeinde standen, darüber erfahren wir vor dem
funfzehnten Jahunderte nichts. Dürfen wir aus späteren Zeiten
und aus dem, was in hanseatischen Schwesterstädten um 1340
gesetzlich war, einen Schlus auf frühere Zeiten machen, so
können wir die Alterleute der Innungen als die Repräsentanten
der Bürgerschaft bezeichnen [82]). Von einer gesetzlichen Vorschrift,
welche die Art und Weise der Bürgervertretung ordnete, findet
sich in Lüneburg keine Spur. Es ging übrigens hier, wie in
allen bedeutenden Städten Deutschlands; die nicht ratsfähigen
Stände, namentlich die Handwerker, fühlten die Zurücksetzung wohl,
und daher sehen wir auch überall das Bestreben derselben, des
Ratsstuhls teilhaftig zu werden; dies der Keim und Zunder
bügerlicher Streitigkeiten und Unruhen, die nicht selten mit Mord,
Hinrichtung und blutigen Kämpfen endigten und fremde Ein-
mischung herbeiführten, ein Krebsschaden, an dem manche Städte
Jahrhunderte hindurch gelitten haben. Auch Lüneburg hat,

wiewohl erst im funfzehnten Jahrhunderte, diese Schule durchgemacht und im siebzehnten Jahrhunderte hohes Lehrgeld zahlen müssen.

Die Verfassungswirren der Städte sind nicht weniger lehrreich, als die Kämpfe, welche bürgerliche Freiheit gegen Fürsten- und Adelsmacht zu bestehen hatten. Wenige Städte konnten nach dem dreißigjährigen Kriege sich der äußeren Übermacht erwehren. Lüneburgs alte Kraft ward schon während desselben völlig gebrochen; Braunschweig hat am längsten den Kampf bestanden.

Anmerkungen.

¹) (S. 2.) Gebhardi diss. de festo Joachimi die p. 6. Eccard, scriptt. Wirceburg I, 760. Gebhardi, collect. msc. III, 394. (Letztere in der K. Bibliothek in Hannover.)

²) (S. 2.) Lüneburg situm in confinio Saxonum et Luticiorum sagt Lambert von Aschaffenb. zum Jahre 1073.

³) (S. 3.) In mittelalterlichen Urkunden heißt die Stadt oft Lunenburg.

⁴) (S. 3.) Eine Alabastersäule in der Johanniskirche, die vor mehr als einem Jahrzehnt weggeräumt ist, wurde für diese Lunasäule gehalten und trug vor Zeiten auch das goldene Bild eines halben Mondes, der sich sogar im sechzehnten Jahrhunderte in das Stadtwappen eingeschlichen hat, und das alte Lunenburg wurde nun ein Lunaeburgum und Selenopolis.

⁵) (S. 3.) Einen ähnlichen Slavischen Ortsnamen weiß ich nicht beizubringen, aber der Name Ilmenau erscheint wenigstens im Russischen Ilmensee und das Thüringische Ilmenau liegt im Bereich Slavischer Einwanderung; freilich fließt auch in Grubenhagen eine Ilm, die wohl mit Slaven nichts zu tun hat. — Auffallend muß es erscheinen, daß der Ort nicht von den Salzquellen einen Deutschen Namen erhielt. Wir kennen verschiedene Salzörter, die nach ihren, wenn auch nicht benutzten Quellen benannt wurden; so das benachbarte Salzhausen und Soltau und das entferntere Salzwedel. Sollte nicht daraus geschlossen werden dürfen, es sei früher eine Lüner Burg gewesen, als Lüner Salzquellen? Die Benennung Sülze (Sülte) bezeichnet zu keiner Zeit eine andere Örtlichkeit, als das Salzwerk selbst, nie einen Ort oder eine Gemeinde. Wenn die Burg bereits erbauet war, so konnte von einer auf die Salzquellen sich beziehenden Benennung nicht weiter die Rede sein; der

Ortsname stand einmal fest. Unterstützt wird diese Ansicht noch durch die Tatsache, daß eine von der Burg getrennte Sülzgemeinde nie erwähnt wird.

⁶) (S. 4.) Iter peragens partibus Albiae fluvii (dominus Carolus rex), et in ipso itinere omnes Bardougauenses baptizati sunt. Annales Laurissenses zum Jahre 780 in Pertz' Monum. Germ. I, 160. Die Taufe aller östlichen Sachsen, wie Einhard in seinen Jahrbüchern (l. c. 161) sich ausdrückt, soll jenseit der Oder geschehen sein. Man sieht, der Annalist hatte keine genaue Kunde vom Bardengau, den er viel zu weit gegen Süden ausdehnt.

⁷) (S. 4.) Annal. Lauriss. l. c. 32 und 166 und Einhardi annal. l. c. 167.

⁸) (S. 4.) Annal. Lauriss. l. c. 36 und 180.

⁹) (S. 4.) Annal. Fuld. ad ann. 795 l. c. 351. Annal. Laur. l. c. 180. Einhardi ann. 181. Die Annal. Tiliani (l. c. 222) nennen ebenfalls (Hluini (ad Albin), die Annal. Moissiac. (L c. 302) nur Bardunwih.

¹⁰) (S. 5.) Solche Namensveränderungen sind bei Deutschen Städten nicht selten. Die Stadt Ülzen hieß ursprünglich auch nicht so, sondern ihr jetziger Name bezeichnete das weit ältere Kloster in ähnlicher Entfernung von der Stadt, wie Lüne von Lüneburg. Das Kloster büßte seinen Namen ein und wurde nur als die Altstadt (jetzt Oldenstadt) bezeichnet, während die Stadt (eigentlich Lewenwold benannt) den Namen des Klosters davon trug. Stadtrecht von Ülzen vom Jahre 1270 in Hoffmann's Sammlung ungedruckter Nachrichten, I, 238. 251.

¹¹) (S. 5.) Modestorpe lag an der Jlmenau bei der Johanniskirche.

¹²) (S. 5.) Lüntzel in seinem gründlichen Werke „die Diözese Hildesheim" bemerkt richtig, daß nach einer sehr natürlichen kirchlichen Vorschrift die Bischofssitze in die Hauptstädte der Provinz, die Archidiaconatsitze in die Malstätten des Gaues gelegt wurden. Dies auf unsere Gegend angewandt, läßt die alte Nachricht, daß Bardewik einst Bischofssitz war, nicht ungegründet erscheinen. Das Gogericht an der Brücke in Modestorpe ist eins der wenigen mittelalterlichen Gerichtsbezirke des Fürstentums, von denen wir einige Kunde haben. Gerichtsherrn waren in dem Go nachmals die Prälaten der Klöster St. Michaelis, in Lüne und Scharnebek, so wie der Landesherr und die von ihm mit Grundbesitz belehnten Burgmannsgeschlechter der v. Wittorf, v. d. Berge, Grote, v. Estorf ꝛc. In der Folge sehen wir das Geschlecht der v. Wittorf allein unter den Burgmännern im Besitze der Gerichtsherrschaft und der dieser zugehörigen Einkünfte (?), aber auch

verpflichtet, die Gobrücke der Ilmenau in Modestorpe zu erhalten. Zu diesem Zwecke erhob die Familie einen Brückenzoll, dessen Geringfügigkeit schon auf ein hohes Alter schließen läßt (ein Pfennig von jedem Wagen). Die v. Wittorf ließen den Brückenpfennig der Bauern gegen festen Zins ablösen, zeigten sich aber so säumig in der Unterhaltung der Brücke, daß um 1560 der Stadtrat die Brücke bauen ließ und daher auch den Zoll erhob. Vergebens klagte die beeinträchtigte Familie, denen die Bauern nun auch den Zins verweigerten, ja, der Herzog Wilhelm übergab 1581 die Brücke der Stadt zum völligen Eigentume, und letztere hat sich im Besitze behauptet, den Brückenzoll aber im vorigen Jahrhunderte aufgegeben. Das Gorecht der Burgmänner und Prälaten hat mit der Reformation aufgehört; wenigstens tritt 1569 der Amtmann von Lüne als Goherr auf, stritt aber lange mit dem nicht säcularisirten Kloster Michaelis über das Gorecht. Nachmals (1744) ist der Gerichtsbezirk zwischen den streitenden Parteien geteilt. (Rathausacten. Pfeffinger's Historie des Braunschw. Lüneb. Hauses, I, 752. Manecke's topograph. histor. Beschreibung des Fürstenth. Lüneburg, I, 346.)

[15]) (S. 5.) Wedekind (Noten II, 294), welcher die Cyriakskirche als die älteste Stadtkirche betrachtet, weiß auf die Frage: wie alt ist Modestorpe? keine Antwort zu finden. Das ist richtig, aber daraus den Schluß zu ziehen: „also ist es nicht alt", ist bei einem so gründlichen Forscher auffallend. Wie vielen Stiftungen müßte nach obiger Ansicht ihr hohes Alter abgesprochen werden, weil man die Zeit ihrer Gründung nicht angeben kann. Ältere Geschichtsforscher sehen gerade in dem Schweigen aller Quellen in solchen Fällen den Beweis des hohen Alters. Man denke nur an die in Sagen gehüllte Entstehung des Stifts Bardewik, des Klosters Ebstorf ꝛc. Wenn Wedekind Modestorpe erst im Jahre 1234 genannt findet, so hat der fleißige Sammler eine Nachricht übersehen, die ich gerade aus einem Buche seiner Bibliothek hier anführe. Bereits im Jahre 1197 hielt Bischof Rudolf von Verden eine synodus generalis in Modesdorpe (Vogt, monumenta rer. German. I, 250). Noch früher (1174) wird vom Bischofe Hugo der Priester Richmar von Modestorpe (Muddestorp) als Stifter einer Präbende erwähnt (v. Hodenberg, Verdener Geschichtsquellen, II, 47). Daß die Cyriakskirche schon 1013 bestand, läßt sich aus der Erzählung vom Erdfalle (S. 10) vermuten; sicherer noch ist die Vermutung für das weit höhere Alter der Gemeinde der Johanniskirche in Modestorpe. Schlöpke's (Chronik von Bardewik, S. 222) Angabe, daß Bischof Tammo die Cyriakskirche erst nach der Zerstörung Bardewiks, die er gar nicht erlebte, erbauet habe, wie auch Manecke (Beschreibung und Gesch. von Lüneburg, S. 24) annimmt, ist schon von Wedekind widerlegt.

¹⁴) (S. 6.) Den Stiftungsbrief vom Jahre 1172 liefert Wedekind in seinen „Noten" III, 179.

¹⁵) (S. 6.) Leibnitii scriptor. rer. Brunsv. I, 261: anno domini 906 monasterium in monte Luneborch fundatum est ab Ottone Duce Saxonum, hortante eum ad hoc Wicberto Episcopo Verdensi.

¹⁶) (S. 7.) Wedekind, Noten I, 102.

¹⁷) (S. 7.) Wedekind's Hermann, Herz. zu Sachsen, S. 31.

¹⁸) (S. 7.) Harenberg's, historia eccles. Gandersh. p. 78. 207. 432. 704. 1755.

¹⁹) (S. 8.) Nicht Ritter, wie Wedekind sagt. Die milites des elften Jahrhunderts sind keine Ritter im Sinne des späteren Mittelalters.

²⁰) (S. 8.) Noten, II, 287.

²¹) (S. 9.) Leibnitii, scriptt. rer. Brunsv. III, 173: Men seggt ok, dat Harmen dat slott up dem barge to Lüneborg gebuwet hebbe. Vergl. Chron. Bardewic. l. c. 217.

²²) (S. 9.) Urkunde des Klosterarchivs, abgedruckt in Wedekind's Noten, III, 114.

²³) (S. 9.) Die Inhaber dieser Burglehne, die also den ältesten Geschlechtern des Fürstenthums angehören, sind außer den Grote, v. Meding und v. Estorf sämmtlich schon längst erloschen. Wedekind verwechselt, indem er diese Familien nennt, die Ghyr (Vultur) mit den v. Weyhe, die nie Burgmänner waren und nie Vultur genannt werden.

²⁴) (S. 9.) Die Bedeutung des Namens Grimm ist nicht zu enträtseln. Ist es ein Slavisches Wort? Auch in Hamburg heißt eine Straße der Grimm und nach Lappenberg (Lorichs Elbkarte, S. 63) hieß ehemals eine Zahl von Höfen vor der Stadt eben so.

²⁵) (S. 10.) Monum. German. III, 833.

²⁶) (S. 10.) Monum. German. VI, 665.

²⁷) (S. 11.) Das Archidiaconat in Modestorpe spricht auch für die Behauptung alter Chronisten, Bardewiks Stift sei die erste Grundlage des nachmals nach Verden versetzten Bisthums gewesen, denn, wenn nicht in Bardewik, Hauptort des Landes, eine höhere geistliche Stiftung bereits war, so begreift man nicht, daß es nicht wenigstens Sitz eines Archidiaconus wurde.

²⁸) (S. 11.) Eine eigentliche Zerstörung kann es nicht gewesen sein, denn die Ortschaft bestand nach wie vor, als eine Gemeinde von Gartenleuten, die nachmals völlig der städtischen Verwaltung und Gerichtsbarkeit einverleibt wurde; wahrscheinlich waren es die Burgmannshöfe, die man dort nicht dulden wollte.

²⁹) (S. 12.) Urkunde im ehemaligen Klosterarchiv vom 14. Juli 1376 in Wedekind's Noten, III, 191.

³⁰) Ditmar spricht auch von einer aeris mira mutatio atque motio. Was der Chronist damit sagen wollen, ist ihm vielleicht in der von Anderen überlieferten und ins Wunderbare gezogenen Nachricht selbst nicht klar gewesen. Die Bedeutsamkeit des Naturereignisses, das die Aufmerksamkeit in ferner Gegend auf sich zog, kann wohl nicht bezweifelt werden.

³¹) (S. 13.) Der Verfasser giebt auf diese Angaben, die manches Unwahrscheinliche enthalten, nicht viel. Bei einer in diesem Jahre unternommenen Bohrung in der Neuen Straße fand man die gewöhnlich hier vorkommenden Erdschichten. Ausgedehntere Bohrversuche dürften vielleicht nicht ohne anziehenden Erfolg sein.

³²) (S. 13.) Seen werden noch jetzt in Ostfriesland und Holland Meere (Mare) genannt; daher auch der Name des Steinhuder Meeres.

³³) (S. 13.) Lambert. Schafnaburg. ad ann. 1073.

³⁴) (S. 16.) Artlenburg ist einer der ältesten Örter an der Elbe, die dort auf einer Fähre überschritten wurde, und wird im zwölften Jahrhunderte oft als wichtige Burg genannt. Wahrscheinlich war es hier, wo Karl der Große über den Strom setzte, wenn er bei Bardewik und Lüne lagerte.

³⁵) (S. 16.) Hospitäler bauete man gewöhnlich an den besuchtesten Straßen, weil man auf Spenden der Vorbeigehenden rechnete.

³⁶) (S. 18.) Mehr davon in den Mittheilungen des Lüneburg. Alterthumsvereins; Lieferung IV.

³⁷) (S. 18.) Grundbesitz hatte der Bischof von Verden in der Stadt und Umgegend gewis. Ein Meier (villicus) im officium Luneborg wird ausdrücklich erwähnt. v. Hodenberg, Verdener Geschichtsquellen I, 9.

³⁸) (S. 19.) Ungedruckte Urkunde von 1369.

³⁹) (S. 19.) Wordzins (census arearum), so wie der Rauchpfennig und das Rauchhuhn, war eine Abgabe zur Anerkennung der grundherrlichen Rechte und, namentlich letztere beide, finden sich regelmäßig in allen Meierbriefen auf dem Lande noch jetzt. Der Landesherr erhob ihn in der Stadt durch den Vogt, verkaufte oder verpfändete ihn aber an Andere. So sagt eine alte Nachricht, ein Herzog Heinrich habe den Wordzins und Rauchpfennig von 200 Häusern an den Bischof von Verden abgetreten, von jedem Hause einen Pfennig, von jeder Bude einen Scharf (½ Pfennig). v. Hodenberg, Verdener Register, S. 11. Auch das Kloster Scharnebek hatte Teil

am Wordzins, trat diesen aber 1357 dem Rate ab. Alle diese Abgaben sind bis auf die erwähnten 139 Häuser wahrscheinlich nach und nach von den Grundbesitzern selbst abgelöset. Der städtische Marktvogt hob die unbedeutende Abgabe, von der er selbst als Gebühr 1 Taler und 4 Pfennige erhielt, bis sie 1825 völlig erlassen wurde. — Ob der Bischof von Verden auch Grundherr in der Stadt war, erscheint zweifelhaft, daß er Grundstücke in der Nähe besaß, ist gewiß, so wie daß er und sein Domstift Häuser in der Stadt erwarben. (Manecke's Beschreibung S. 57.) Aus einer Sülzabgabe, die der Bischof hob, dem Wischpennig, d. h. Wiesenzins, sollte man auf einen Wordzins von dem Grunde, auf welchem die Sülze angelegt ist, schließen. Wir wollen hier bemerken, daß auch dem Verfahren des Kaisers Heinrichs IV., der (1192) den Bischof mit der halben Burg und Sülze belehnte, alte Ansprüche des letzteren zu Grunde gelegen haben können. Diese Verleihung hatte gar keinen Erfolg, aber noch im sechzehnten Jahrhunderte wurden darauf Ansprüche gegründet. Die Kirche hatte für solche Verhältnisse ein scharfes Gedächtnis. (v. Hodenberg's Verdener Geschichtsquellen, II, 55.)

[40]) (S. 19.) Word oder Wurd bezeichnet eine Erhöhung im flachen Lande, die sich zur Anlage eines Hauses eignet und die man in der der Überschwemmung ausgesetzten Marsch absichtlich anlegte (daher das Land der Wurdsaten = Wursten, so wie der Holtsaten = Holsten); dann aber auch jeder Bauplatz. So heißt in der Stadt eine im vierzehnten Jahrhunderte noch unbebaute Gegend de wöste Word, jetzt der wüste Ort fälschlich genannt.

[41]) (S. 20.) Familie und Wohnhaus gelten im älteren Lüneburg und noch bis in das vorige Jahrhundert zur Erforschung der Einwohnerzahl gleich viel. Jede Familie bewohnte ein eigenes Haus; jedes Haus beherbergte nur eine Familie. Daher mußten alle, die im Dienste der Stadt oder der Kirche, also weder Bürger noch Einwohner waren, der Syndicus so gut, wie der Nachtwächter, Todtengräber und Scharfrichter, von der Gemeinde mit Dienstwohnungen versehen werden, denn zur Miete bei Anderen konnte niemand wohnen, weil darauf kein Haus eingerichtet war. Nur der Tagelöhner 2c. fand in der Bude eines größeren Grundbesitzers eine Mietwohnung.

[42]) (S. 22.) Z. B. Chron. Slavor. in Lindenbrog. scriptt., p. 203, wo es heißt: crescere coepit et augmentari Luneburgum ex lapidibus murorum Bardewik.

[43]) (S. 22.) Wohnhäuser außerhalb der Stadtmauern duldete der Rat späterhin ungern und ließ sich daher von den Herzögen Wenzeslaus und Albrecht ermächtigen, alle Häuser vor den Toren abzubrechen oder zu verbrennen (Wedekind in der Beilage zur Hannov. Zeitung 1832,

Nr. 89). Diesen Grundsatz hat man stets geltend gemacht und selbst in neueren Zeiten den Bau von neuen Wohnhäusern vor den Toren untersagt. Lüneburg hat daher außer dem Grimm, der, so wie die Gärten vor dem Roten Thore, in der Regel nur von Gartenleuten bewohnt wird, nie eine Vorstadt gehabt. Die Wohnhäuser außerhalb der Stadtmauer, deren Zahl auch jetzt nicht groß ist, entstanden größtenteils aus den Gartenhäusern der Patricier, die auch in größerer Entfernung sich Sommerwohnungen anlegten (Wüschenbruch, Kaltenmoor, Hasenwinkel, Rote Schleuse, Olm ꝛc.). Angebautes Grundeigentum der Gemeinde war wenig vorhanden, denn Ackerbau wurde von den Einwohnern so gut, wie gar nicht getrieben; dagegen nahm die Stadt ringsum an den Gemeinheiten der umliegenden Dörfer Teil und erlangte in späteren Jahrhunderten Jagd- und Weiderecht bis auf zwei Meilen Entfernung, so wie sie auch im vierzehnten Jahrhunderte durch eine ausgedehnte Landwehr sich zu schützen begann. Das Grundeigentum des Landesherrn, des Klosters Michaelis, des Bischofs von Verden und benachbarter Gutsbesitzer erstreckte sich zum Teil bis an die städtischen Mauern. Man legte auf den Grund und Boden außerhalb der Stadt wenig Wert, dennoch aber ist man seit dem vierzehnten Jahrhunderte, als man für die städtischen Heerden Weide in der Nähe nötig hatte und zur Ziegelei, Kalkbrennerei, Töpferei u. a. Anlagen und Bauten Grundbesitz nicht entbehren konnte, darauf bedacht gewesen, bedeutende Strecken anzukaufen. Die hiesigen Klöster und Stiftungen haben früh schon bedeutende Acker- und Gartenländerei erworben. Für die städtische Kämmerei ist erst seit dem vorigen Jahrhunderte der Grundbesitz außerhalb der Tore recht nutzbar gemacht.

⁴⁴) (S. 22.) In der alten wahrscheinlich gleichzeitigen Nachricht heißt es: erat mons pervius undique aqua lutosa circumdatus, in qua aqua natabant auce (Gänse) et aucte (?) ceteraque volatilia terre. Ob id lacus (locus?) iste vulgari vocabulo et nomine nominabatur de goesebrink. Gebhardi in den histor. genealog. Abhandl. IV, 207. Wie Gebäude jener Zeit waren, sieht man an der Marienkapelle, die der Herzog aus einer Dorfscheune herrichten ließ.

⁴⁵) (S. 22.) Ungedruckte Lüner und Ebstorfer Urk. Jung, de jure salin. docum. p. 76. v. Hodenberg, Walsroder Urkundenbuch.

⁴⁶) (S. 23.) Consules, sagt ein Ratsbeschlus 1346, protestantur, quod aedificia constructa ultra Elmenowe juxta cran (der Krahn auf dem Fischmarkte) civitatis et apud valvam novae pontis (Lüner Tor) debent esse sub hoc edicto, quod in eisdem sal non debet reponi, sed mansiones habitationum simpliciter remanebunt. Salzräume sind dort nie gewesen.

⁴⁷) (S. 25.) Wir müssen bei der Gründung von Kirchen und Kapellen dieser Zeit nicht an die Bauart des späteren Mittelalters denken. Ein roher Holzbau umschloß die Versammlung der ältesten Gemeinden. Selbst noch im dreizehnten Jahrhunderte ließ ja Herzog Otto das Kind eine Scheune oder einen Speicher im Dorfe Kirchgellersen nach Lüneburg schaffen und wandelte das einfache Gebäude mit seinen Lehmwänden in eine Marienkapelle um. Gebhardi, histor. geneal. Abhandl. IV, 209. Novum granarium reperit constructum (dat was eine kleine Schune efte Spiker) ad locum electum in Luneborg cum festinatione portabat et de illo capellam construxit. Der Abbruch geschah in quadragesima circum festum pasce (in der Fastenzeit) und doch wurde das Osterfest in der schnell (sine mora) geweiheten Kapelle bereits mit aller Feierlichkeit begangen.

⁴⁸) (S. 25.) Manecke's Behauptung (Beschreibung der Stadt Lüneb. S. 106), daß das Wendische Dorf nichts weiter, als eine erst in neuerer Zeit herbeigerufene Zahl Wendischer Anbauer sei, können wir füglich dahingestellt sein lassen. Eine andere nicht bestrittene Örtlichkeit, die Wendische Straße, beweiset hinlänglich, daß eine Wendische Niederlassung an der Ilmenau nicht als völlig grundlose Annahme erscheint.

⁴⁹) (S. 26.) Die Lateinische Bezeichnung magister civium hat, indem man es durch Bürgermeister übersetzte, zu ganz falschen Deutungen Veranlassung gegeben, wie schon Grupen (Origines Hanover. p. 142) bemerkt. Der Ausdruck cives wird in den Urkunden als Bezeichnung der Mitglieder jeder Gemeinde (also auch von Bauern) gebraucht und der magister civium ist nichts mehr und nichts weniger, als unser heutiger Bauermeister (Burmester). Daß er ursprünglich der dem Vogte untergeordnete und von ihm bestellt einzige Gemeindevorsteher auch hier in Lüneburg war, ist zweifellos, eben so gewiß aber auch, daß, so wie ein Gemeindevorstand sich bildete, seine Stellung immer weiter herabgedrückt und er ein Unterbedienter des Rates wurde, dem bis auf die Zeit der jetzigen Stadtverfassung (1846) gewisse polizeiliche und gerichtliche Geschäfte oblagen. Sein stets - beibehaltener Titel Gerichtsburmeister deutet auf die ältesten Dienstverhältnisse desselben im Vogtgerichte. Der Burmester in Hannover hat die Aufsicht über Maß und Gewicht 1241 (Grupen l. c.); in Hameln übt er 1335 außer polizeilichen auch gerichtliche Befugnisse aus (de Ludewig reliquiae msc. X, 54).

⁵⁰) (S. 26.) Daß Bardewik von Heinrich dem Löwen völlig zerstört sei, ist eine Fabel, die das spätere gänzliche Sinken des Orts glaublich machte. Die Fortdauer einer Anzahl von Kirchen, die erweislich noch im vierzehnten Jahrhunderte da waren und benutzt wurden, widerlegt

die hergebrachte Meinung hinlänglich. Der ehemalige Löwe über der Tür des Domes und die Inschrift Vestigia Leonis sind ein Machwerk des sechzehnten Jahrhunderts, das in seiner romantischen Leichtgläubigkeit nur zu viel Fabelhaftes in die Geschichte eingeschwärzt und der Neuzeit es überlassen hat, den Weizen von der Spreu zu scheiden.

⁵¹) (S. 27.) Pfeffinger, Historie des Br. Lüneb. Hauses I, 91 und 653. Jung, de jure salin. Docum. I, S. 72. Orig. Guelf. III, 851. 857. IV, 104. 105. 113. Leverkus, Urkundenbuch des Bisth. Lübek I, 40. 42. Ungedruckte Urk. des Klosters Ebstorf. Schlöpke, Chronik von Bardewik, S. 227.

⁵²) (S. 27.) Ungedruckte Urk. des Klosters Lüne.

⁵³) (S. 28.) Das dreizehnte Jahrhundert begründet oder bestätiget das Gemeindewesen zahlreicher Städte des Sachsenlandes und namentlich des neuen Herzogtums Braunschweig Lüneburg. Ich führe zum Beweise dessen nur folgende Städte an, die in dieser Zeit ein sogenanntes Stadtrecht bekamen: Stade 1209 (Orig. Guelf. III, 784), Goslar 1219 (l. c. 667), Braunschweig 1227 (l. c. IV, 107), Osterode 1239 (l. c. IV, 181), Hannover 1241 (l. c. IV, 184), Münden 1246 (l. c. IV, 201), Hildesheim 1249 (l. c. IV, 242), Verden 1259 (Vogt, monum. ined. rer. Germ. II, 254. 276), Hameln 1277 (de Ludewig reliqu. msc. X, 22).

⁵⁴) (S. 29.) Die ältesten Urkunden sind eine ungedruckte des Klosters Lüne vom Jahre 1200, zwei in Leverkus' Lübekischem Urkundenbuche I, S. 40. 42 vom Jahre 1218 und zwei ungedruckte des Klosters Ebstorf offenbar desselben Jahrs.

⁵⁵) (S. 29.) Rehtmeyer's Br. Lüneb. Chronik, S. 403. Hier sind freilich nach dem Abdrucke nur elf Personen genannt, aber der angeführte Luderus Dorlin muß wahrscheinlich in zwei Namen getrennt werden. Beide kommen weder früher noch später vor.

⁵⁶) (S. 29.) Rehtmeyer l. c. S. 468. Jung de jure salinar. Urk. III, S. 76.

⁵⁷) (S. 29.) Schlöpke's Chronik von Bardewik, S. 227.

⁵⁸) (S. 30.) Sudendorfs Br. Lüneb. Urkundenbuch, I, S. 21. Die dort nach einem alten Copialbuche genannten Namen sind bis auf zwei richtig gegeben; Bernardus et abel muß heißen Bernardus Zabel; Hermann juxta cimeterium heißt Hartmann. Ein sinnloser Fehler ist nach dem Copialbuche stehen geblieben; in dem Satze burgenses nostri in Lun. diligentes muß statt des letzten Wortes gelesen werden degentes. Dieselben Namen sind in einer andern Urkunde desselben Jahres und Tages in dem sogenannten ältesten Stadtrechte. Orig. Guelf. IV, 213. Kraut, Lüneburgisches Stadtrecht. Göttingen 1846.

⁵⁹) (S. 30.) Wenn Sudendorf im Br. Lüneb. Urkundenbuche (II, XCVII.) dies ganz allgemein so ausdrückt, als ob ein regelmäßiger Wechsel statt gefunden habe, so muß ich doch bemerken, daß es mir nach Einsicht von einigen hundert gedruckten und ungedruckten Urkunden nicht gelungen ist, einen so regelmäßigen Wechsel aufzufinden. Man scheint, jährlich gewählt und dadurch die Möglichkeit erzielt zu haben, besonders tüchtige oder beliebte Persönlichkeiten stets im Rate zu erhalten, denn manche Namen kehren jährlich wieder, während andere schnell verschwinden. Die Zahl der in verschiedenen Urkunden desselben Jahres erscheinenden Personen steigt bisweilen auf mehr als vier und zwanzig, ja, im Jahre 1282 finde ich sieben und dreißig Ratmänner genannt, deren Namen auch in früheren und späteren Urkunden vorkommen. Manche Namen treten in beiden Räten desselben Jahres auf, ein sicherer Beweis, daß das eine Collegium nicht ohne Weiteres am Ende des Amtsjahres von der Verwaltung zurücktrat. Die im Stadtarchive aufbewahrten Fasti consulares von dem hochverdienten Stadtsecretair Büttner († 1745) aufgestellt, die ich mit meinen Collectaneen verglichen habe, unterstützen meine Angaben und Vermutungen vollständig.

⁶⁰) (S. 32.) In der ältesten Zeit trieben Kaufleute und Handwerker als Pächter der Sülzbegüterten oder als Eigentümer von Pfannen die Salzsiedung als Nebenbeschäftigung, wie denn 1239 ein Schuhmacher vorkommt, der mit dem Abte des Klosters Michaelis um Sülzgut stritt, im Vergleiche aber sich verpflichtete, Zeit seines Lebens die Mönche mit Schuhen zu versorgen (Orig. Guelf. IV, 182). Da der Gewinn die Pächter wohlhabend machte, so gaben sie ihr Gewerbe auf und trieben nur, wie man sich ehemals auszudrücken pflegte, Sülznahrung. So entstand eine eigene Klasse von Einwohnern, die Sülfmeister, die sich durch Reichtum auszeichneten, eine Innung bildeten, im Laufe der Zeit zum bevorrechteten Stande in der Bürgerschaft sich aufschwangen und so einen förmlichen Stadtadel bildeten.

⁶¹) (S. 32.) Lehrreich ist über das Voigteiwesen der Stadt Lüneburg, freilich für spätere Zeit, aber auch durch Winke über ältere Verhältnisse v. Duve im Vaterländ. Archive, Jahrg. 1831, II, 233.

⁶²) (S. 32.) Orig. Guelf, III, 851. Jung l. c. Urk. I.

⁶³) (S. 33.) Rehtmeyer S. 472.

⁶⁴) (S. 33.) Orig. III, 857.

⁶⁵) (S. 33.) Am Ebdage, an welchem die Bürgerschaft jährlich neu verpflichtet wurde (?), trug der Vogt die sogenannten Ebdagsartikel (Polizei- u. a. Gesetze vor, welche Pusendorff (Observationes juris, II, 190. 197. III, 369) hat abdrucken lassen. Kraut, Lüneb. Stadtrecht, S. 22.

⁸⁶) (S. 34.) Vaterländ. Archiv, Jahrg. 1831. l. c. Im Jahre 1277 wird neben dem Vogte (Willekin v. Gustede) Joh. v. Gandersen (wahrscheinlich Untervogt) als Vorsitzer im Gerichte genannt.

⁸⁷) (S. 34.) Das Schöffengericht erhielt sich kaum noch im vierzehnten Jahrhunderte in seiner ursprünglichen Gestalt. Der betriebsame Bürger sah die Teilname am Gerichte nicht mehr als ein wertvolles Recht, sondern als eine lästige Pflicht an. Schon die Herzöge Otto und Wilhelm befreieten 1330 die Bürger geradezu von dieser Pflicht, nahmen daher dem Vogte das Recht, die Bürger zum Schöffenamte heranzuziehen (men schall se nener ordele fragen) und überließen es dem Rate, zwei Vorspracken zu ernennen, die nach Anweisung des Rates die Urteile finden sollen (vorspraken de schall de rad setten; de schollen alle ordele finden van anwisinge des rades). Noch mehr, die Herzöge gestanden dem Rate in einzeln Fällen schon gemeinschaftliche Gerichtsbarkeit mit dem Landesherrn, sogar über Ritterbürtige, und eigene Gefängnisse zu (Scheidt, Nachrichten vom Adel, S. 128), aber nicht allein solche urkundlich zugestandenen Rechte nahm der Rat in Anspruch, sondern die Befugnisse des Vogts wurden auch durch kühne Griffe immer mehr beseitigt, wie dies besonders bei dem Verhältnisse des Rats zu den Landesherrn in und nach dem bekannten Lüneburgisch-Sächsischen Erbfolgestreite sehr natürlich war. Die Herzöge Wenzeslaus und Albrecht beschränken ebenfalls die Rechte des Vogts bei Erhebung von Zöllen und Forderung von Diensten und gestatten dem Rate sogar in bestimmten Fällen peinliche Gerichtsbarkeit. (Ungedruckte Urkunde des Stadtarchivs von 1371, heil. Drei Königstag und Tag vor Pfingsten). Auf die Länge konnte ein solcher Zustand, in welchem die Grenzen der beiderseitigen Rechte gar nicht mehr zu erkennen waren, nicht aufrecht erhalten werden, und so verstand sich Herzog Heinrich dazu, die Stadtvogtei dem Rate auf Wiederkauf abzutreten (Urkunde vom Jahre 1493, 6. Januar). Freilich hob Herzog Wilhelm diese Verpfändung (1573) wieder auf, aber nur, um nach kurzer Zeit die Vogtei für immer dem Rate zu überlassen (1576). Folgende Vögte sind nach Büttner's (dessen fasti consulares, Handschrift der hiesigen Stadtregistratur) und meinen Collectaneen bis zu Anfang des vierzehnten Jahrhunderts bekannt: Heinrich 1164. 1170. — Hartmann 1200. 1218. 1225. 1234. — Berningus 1225. — Diedr. Vor 1228. — Friedr. v. Hoffering (Pfeffinger, II, 128 hat fälschlich Holdering) 1239. Friedrich (v. Meding?) 1243. Segeband (wahrscheinlich v. d. Berge) 1244. 1247. 1250. 1261. — Otto v. Bohzenburg, 1250. — Werner v. Lobendorpe, 1254. — Gebhard und Thankmar, 1262. — Gebhard, 1264. 1268. — Gottfried Sol, Gerichtsvorsitzer 1267. 1272, Untervogt 1273. 1274. — Gebhard v. Bortfeld, 1272. —

Willekin v. Gustede, 1274. 1276. 1277. 1278. — Bodo, Untervogt, 1276 bis 1278. — Paridam, Untervogt, 1278. — Barthold v. Stortelenbüttel, 1280. — Nicolaus, Untervogt, 1280. — Manegold v. Estorf (genannt Struve), 1281. 1282. 1286. — Thomas, 1281 bis 1285. — Diedrich v. d. Berge, 1283 bis 1286. 1291. 1292. — Friedrich v. d. Berge, Untervogt, 1285. — Hilmar v. Oberg, 1286. — N. N. Bokmaste, 1288. — Johann v. Lobeke, 1287. 1288. 1304. — Joh. Prekel, 1289 bis 1291. — Werner v. Meding, 1293. 1296. (Werner Swen in v. Hodenberg's Verdener Copiar № 103.) — Heinr. Hegher, 1293. 1294. — Ludolf v. Selsingen, 1300. 1322. 1324. 1329. 1331. — Joh. v. Bischoping, 1310. — Willekin v. Staden, 1312. — Ludolf v. Honstede, 1327. 1328. — Barthold Sneuwe, 1333. 1335. — Engelbert, 1336. — Aus diesem Verzeichnisse geht hervor, daß die Vögte in dieser Zeit stets ritterbürtig waren. Ob sie immer zu den Burgmännern gehörten, mag zweifelhaft sein. Die Untervögte sind wohl aus dem Bürgerstande. Über vogteiliche Rechte in den Städten ist noch zu vergleichen v. Spilcker's Geschichte der Grafen von Everstein, S. 110 ff. Während der Verpfändung ernannte der Rat einen Bürger als Vogt, der mit zwei Vorspraken das Gericht bildete. Letztere waren selbst Ratmänner, und so entstand das nachmalige Niedergericht ohne Vogt und Präsidenten.

[68]) (S. 35.) In ipso siquidem tempore (1229) civitas magno extollebatur preconio propter regale castrum prope civitatem situatum, in quo Dux Otto sedulo morabatur, et licet diversis esset dotata gratiis et benficiis dei etc. Gebhardi, histor. genealog. Abhandl. IV, 206.

[69]) (S. 35.) Orig. Guelf. IV, 176.

[70]) (S. 35.) Das alte Lüneburgische Stadtrecht. Orig. Guelf. IV, 213. Grupen disceptt. for. 754. Pufendorf observatt. III, observ. 14. Rehtmeyer's Chronik, S. 1832. Die älteste Übersetzung dieser Urkunde aus einer Handschrift des Stadtarchivs, dem sogenannten Donat (Manecke's Beschreibung von Lüneburg, S. 46. 108) giebt Kraut in „das alte Stadtrecht von Lüneburg. Göttingen 1846."

[71]) (S. 35.) Nos igitur praedecessorum nostrorum Principum vestigiis inhaerentes largitionem et gratiam quam Burgensibus nostris de Luneborg civitate liberaliter contulimus — cupimus innotescere etc. — Civitas nostra utens hujus privilegii libertate multas vexationes pertulit a nobis aliquando etc. — Ultimo autem omnium omnia illa jura, quae civitas a prima sui fundatione habuit usque ad tempus hodiernum, et stabilimus et praesenti privilegio confirmamus.

¹²) (S. 35.) He stichtede und beterde de niestadt Lůneborg (nicht, wie der Text bei Leibnitz sagt: de Nienstadt, Lüneborg) — und gaf den borgern — besundergen der stadt Luneborg, frieheit, rechticheit und privilegia. Hier ist also dem Herzoge Otto dem Kinde geradezu die Anlage der Neustadt zugeschrieben, und diese Nachricht wird durch die früher erwähnten Umstände völlig gerechtfertigt. Chronic. Luneburg. Leibnitii, scriptt. III, 175.

¹³) (S. 35.) Herzog Wilhelm wollte 1209 eine neue Stadt Lowenstadt (bei Wendisch Blekede) gründen und verlieh dieser nie zu Stande gekommenen Pflanzung das ehemalige Stadtrecht von Bardewik. Kann man es für wahrscheinlich halten, daß damals der Sitz des Herzogs sich einer Begünstigung nicht erfreuet hätte, die einem kaum vorhandenen Orte schon zugesichert war?

¹⁴) (S. 36.) Steffens, Geschichte des Hauses von Campe, S. 231.

¹⁵) (S. 36.) Das schon erwähnte Franziscanerkloster, das Hospital zum Großen und Kleinen Heil. Geist, der Kaland, das Benedicti Hospital, wahrscheinlich auch ein Paulinerkloster u. a. m. reichen in diese Zeit hinein

¹⁶) (S. 36.) Es ist gewis merkwürdig und ein Beweis der Bevölkerung des Ortes, daß vor der Burg eine herzogliche Schule war, die nicht mit dem Michaeliskloster in Verbindung stand. Der Herzog war Patron derselben und trat erst 1353 sein Recht an das Kloster ab. Urkunde in Wedekind's Noten, III, S. 321. Die Schulen waren in jener Zeit Quelle von Einkünften und daher war es ein bedeutendes Geschenk, als Herzog Otto und nach seinem Tode Herzog Wilhelm nicht allein diese Schule cum juribus, libertatibus et proventibus dem Kloster überwies, sondern auch die Gründung einer andern Schule innerhalb und außerhalb der Stadt verbot, eine Anordnung, die der Stadt, als sie funfzig Jahre später eine städtische Schule stiften wollte, einen langwierigen Proces zuzog. Auch in Hannover war eine herzogliche Schule, die wahrscheinlich ebenfalls mit der Burg in Beziehung stand, denn 1282 erhielten Burgmänner und Rat vom Herzoge das Präsentationsrecht zum Rectorate. Das Patronat erkaufte der Rat erst 1348. Grupen, Orig. Hanover. S. 124. 180. Grotefend, Urkundenbuch der Stadt Hannover, I, 42. 250. 252.

¹⁷) (S. 37.) Die Bedeutung dieser Bezeichnung ist unbekannt, letztere muß aber eine nicht ungewöhnliche gewesen sein. Auch in Hameln hat man ein altes Statutenbuch unter diesem Namen. Gengler, Stadtrechte, S. 183.

¹⁸) (S. 38. Kraut, das alte Stadtrecht von Lüneburg, S. 2. Manecke, Beschreibung ꝛc. S. 46. Wie wichtig das Sachsenrecht für die Stadt

ward, geht aus den im funfzehnten Jahrhunderte amtlich angefertigten prachtvollen Handschriften des Sachsenspiegels hervor, welche jetzt die Stadtbibliothek verwahrt. Kraut, de codicibus Luneburg. Göttingen. 1830. Das Römische Recht war schon im vierzehnten Jahrhunderte im Fürstentume bekannt. Urkunde von 1342 in (Bilderbeck's) Sammlung ungedruckter Urkunden, I, 2, S. 38.

[79]) (S. 39.) Viri discreti in den Städten sind die Angesehensten, Verständigsten unter den Bürgern, prudentes, wie sie auch heißen, die prud d'hommes Frankreichs, die Bescheidenen (eine falsche Übersetzung statt Auserwählte, Ausschuß) in Deutschen Urkunden. In Verden beschloß der Rat mit Rade der Wisesten und mit Vulbort der menen Stad. Vogt, monum. ined. I, 276.

[80]) (S. 39.) Der Rector der Kapelle des (Kleinen) Heil. Geistes (d. h. der Ratsschreiber) begann ein solches Buch im Jahre 1302.

[81]) (S. 39.) Kraut, Lüneb. Stadtrecht, S. 17.

[82]) (S. 39.) Von Hamburg u. a. Städten heißt es in einer Urkunde: (bei wichtigen Angelegenheiten) oportet necessario super hoc requirere et optinere specialiter consilium et consensum magistrorum officiorum mechanicorum ac universitatis opidi. Lübeker Urkundenbuch, II, 664.

Druck der v. Sternschen Buchdruckerei.